岩崎現代福祉選書①

里親家庭の実子を生きる

——獲得と喪失の意識変容プロセス——

山本真知子
Machiko Yamamoto

岩崎学術出版社

推薦のことば

　本書の著者山本氏は，私の勤務先である日本女子大学大学院社会福祉学専攻の博士課程前期を修了後，博士課程後期に進まれ，３年間で本書の基となる博士論文を完成された。３年間で仕上げるという偉業を成し遂げられた背景には，自身の実子としての体験が大きなエネルギーの源になっていることは言うまでもない。修士論文から一貫したテーマで研究を続け，本書は里親家庭の実子としての体験を研究として取り上げたいという切なる希望の産物である。

　私自身，里親養育に関して長年関心をもってきたが，里親家庭における実子に関しては，十分に関心を払ってこなかった。実子は場合によっては，年齢不相応なケア役割を担い，年齢相応な依存体験が家庭で十分に保障されないという面もあり，そうした状況から実子のヤングケアラーとしての側面を氏は明らかにした。

　全国里親委託等推進委員会による調査結果（2015）によると，里親家庭の約４割に実子が存在する。親が里親となることにより，実子は大きな影響を受ける。家族，児童相談所，里親支援機関等による実子への十分な説明や，実子の思い・言い分への傾聴はあらゆる過程において重要である。

　また実子は里親家庭で過ごす中で，委託された子どもと生活する歓びなど肯定的な感情をもつ一方で，委託された子どもの行動への驚き等を感じた際，自身の気持ちを親に率直に伝えることが困難な場合があるとしている。さらに共に生活するなかで親のサポートや委託児を気遣う実子の役割，委託児を思いやることでの我慢，親の思いへの妥協，親への不満を感じながらも社会では里親を賞賛することばがあることへの複雑な気持ちなどについて指摘している。このような視点で実子の心情の理解に努める里親や支援者の姿勢は重要である。ヤングケアラーとしての実子は他者に状況を説明することが困難であったり，思いを共有することが困難ななかで，孤立化傾向にあり，マイノリティ意識や

それに伴う自己否定感を感じることもある。

　ヤングケアラーは通常大人が負うと想定されるようなケア役割を引き受けるとされ，そのケアの内容として，家事，一般的ケア（服薬管理，着替えや移動の介助など），情緒面のサポート（家族員の感情への気遣いなど），身辺ケア（入浴やトイレの介助など），請求書の支払いや病院への付き添い，家計を支えるためのアルバイト，家族のための通訳（家族が聴覚障害の場合を含む）などがあげられる。とくに家族に何らかの障害や介助・介護を要する者がいる場合，こうしたケア役割が子どもに期待されることもある。子どもたちはケア役割を通して自己有用感を感じたり，家族関係の強さを実感したりすることもあるが，過剰なケア役割や気遣いを強いられ，十分に依存体験が保障されないことも考えられる。子どもがケアを担い始めた時の年齢が低く，ケアが長期（2年以上）にわたり，そのケア責任が子どもの年齢や成長の度合いに不釣り合いなものである時，子どもは自分の心身の発達や人間関係，勉強，進路などにも影響を受けることがあるとされている。こうした観点から実子の状況の理解に努め，支援のあり方について検討することも重要である。

　里親は社会的に評価される一方で，その実子のネガティブな思いは顕在化しにくい側面がある。実子の意識は多様であり，多義性に満ちているだけに，そのメッセージについて支援者や研究者も伝えにくい面もある。だからこそ，実子の多様な現状に配慮し，個別的に検討を要するといえる。本書では複数の質的分析法を活用し，共通性と個別性に配慮した分析結果の記述がなされている。またヤングケアラー，障害児のきょうだい研究など隣接領域の先行業績から帰納的に実子との共通性を見出している。多様な観点から実子研究を深め，得られた知見は貴重である。著者は「おわりに」において，「自分自身の子ども時代は毎日実子として生きることに必死で，子どもとしての感覚をなくしていた」と書いている。こうした実子の声に耳を傾け，里親養育のあり方を検討する必要性を強く感じる。里親関係者に限らず，より多くの方々に読んでいただき，家族のあり方を考える一助としていただきたい。

2019 年 3 月

日本女子大学社会福祉学科

林　浩康

はしがき

　本書は，「里親」と血縁関係にある実の子ども「実子」（以下：実子）に焦点を当て，里親家庭でどのように実子が，実親である「里親」や委託された子どもである「委託児童」とともに生活をし，生きてきたかを里親の実子の語りをもとに明らかにするものである。

　里親とは，さまざまな事情で実の家族と暮らせない子どもを，自分の家庭に迎え入れ，養育する制度である。里親は児童福祉法第６条の４の１に「厚生労働省令で定める人数以下の要保護児童を養育することを希望する者（都道府県知事が厚生労働省令で定めるところにより行う研修を修了したことその他の厚生労働省令で定める要件を満たす者に限る。）のうち，第三十四条の十九に規定する養育里親名簿に登録されたもの（以下「養育里親」という。）」と定義されている。里親には，「養育里親」以外に，戸籍上も親子となる養子縁組を目的とした「養子縁組里親」や，３親等以内の親族による養育を行う「親族里親」といった種別があるが，一般的に里親とは養育里親を指すことが多い。本書でも里親という言葉を養育里親を意味するものとして使用し述べていく。要保護児童とは，保護者のいない児童や保護者に監護させることが不適当であると認められる児童を指している。里親は委託された子どもとの血縁関係はなく，戸籍上のつながりもない。委託された子どもの家庭の事情により，里親家庭で生活する期間はさまざまであり，１カ月の場合もあるし，18年という長い年月の場合もある。里親になろうとする里親側にもさまざまな里親になろうとする動機や背景があり，里親家庭には里親の家族（実子・両親など）がともに生活していることもあり，受け入れる側の家庭にもいろいろな形がある。

　近年，日本において社会的養護のもとにおかれている児童の生活の場として，里親やファミリーホームによる家庭養護を増やしていく目標が掲げられている。養育の質を高め里親委託を推進していくためには，里親や委託児童以外の里親家庭の構成員の意識を明らかにし，里親家庭を支援する資源を開発していくこ

とも非常に重要になる。しかしながら，これまで里親の実子の研究は国内外ともに少なく，特に日本において，実子に関する研究や支援は非常に少なく，着目されることもほとんどない。

本研究の目的は，これまで光が当たっていなかった実子に着目し，実子がどのように里親家庭で生活を送り，成長し，どのような意識を持っているのかをインタビュー調査から明らかにすることである。

本書が実子の経験に着目することには，①里親家庭に必要な支援や日本の里親制度の課題点を明らかにできる，②里親や里親に関心を持つ人，里親の実子，里親家庭を支援する支援者への情報提供の一つとなる，そして，③子どもの家庭内の役割やきょうだい関係の理解を深める，といった意義があると考える。

本書は６章で構成されている。序章では，里親家庭の実子を研究する目的を中心に述べ，本書のテーマの一つである当事者が行う研究についても踏み込んでいく。

第１章は里親家庭の実子についての国内外の先行研究に加え，近接領域であるヤングケアラーについて，その中でも特に障害児と病児のきょうだいに関する研究との比較研究を行う。また，国外の先行研究で多数明らかになった実子の喪失を論じるため，喪失に関しての先行研究も取り上げる。

第２章は日本女子大学大学院に提出した修士論文を修正したものである。この章では，里親家庭で１年ほど委託児童とともに生活をしたことのある11名の実子のインタビューに対して，修正版グラウンデッド・セオリー・アプローチ（M-GTA）を援用し，委託開始からインタビュー時までの実子の意識の変化を明らかにしている。

第３章は実子の意識変容のプロセスを最初の委託時の実子の年齢に着目し明らかにしていく。ここでは主に実子の成長発達に伴う意識変容のプロセスを，複線径路・等至点アプローチ（TEA）を用いて，以下の３つの時期に分けて検討を行った。３つの時期とは，一つ目は最初の委託時の年齢に沿った青年期までのある程度個別化された意識変容のプロセス，二つ目は高校を卒業した後の意識変容のプロセス，三つ目は結婚出産をした実子の意識変容のプロセスである。さらに，プロセスを明らかにした後，それら３つのプロセスから実子の意識を抽出し，獲得と喪失を経験した後の実子の意識を明らかにする。

第4章は実子の持つ主観的なきょうだいの境界に着目した研究である。主観的なきょうだいの境界とは実子が委託児童をきょうだいとして捉えているのか，そうではないのかということであるが，それに加え，そのきょうだいの境界が実子の成長や里親家庭の構成員の変化によりどのような影響を受けるか，その詳細を明らかにする。

　そして終章の考察において，本研究のまとめと，今後の課題や本研究の限界を挙げる。

　児童福祉法が改正され，「新しい社会的養育ビジョン」の発表により里親制度は今後推進され発展していくと考えられるが，里親の実子の存在はより良い発展をするにあたって見過ごしてはならない。そして，障害児と病児のきょうだい，ヤングケアラーなど，これまで取り上げられることが少なかった新しいトピックとの関連だけではなく，「主観的なきょうだいの境界」といった新しい概念を踏まえることで，新しい家族とは何かを考えるきっかけになるだろう。

　本書は，2015年1月に日本女子大学大学院人間社会研究科社会福祉学専攻に提出し，同年3月に学位を取得した博士学位論文を加筆修正したものである。

　なお，本書は筆者が独立行政法人日本学術振興会特別研究員（DC1）であった際にいただいた科学研究費助成事業・特別研究員奨励費「里親家庭への社会的支援のあり方とその課題：里親の実子に着目して」課題番号24・8056（2012〜2015）により調査を行った研究成果である。公的資金を得て研究させていただいたことで，これまで光が当てられてこなかった分野を研究することができ感謝している。

2019年1月

山本 真知子

初出一覧

本書の各章は，以下の既発表論文をもとに加除を行ったものである。

山本真知子（2013）「里親家庭における実子への影響と求められる役割——障害児・病児のきょうだい研究との比較研究」『子ども家庭福祉学』13, 57-66.（**第1章の一部**）

山本真知子（2013）「里親家庭における里親の実子の意識」『社会福祉学』53（4），69-81.（**第2章の一部**）

山本真知子（2016）「里親の実子が里親養育から受ける影響——きょうだい・家族とは何か」『生存学研究センター報告』25，152-165.（**第4章の一部**）

目　次

推薦のことば　　iii

はしがき　　vii

初出一覧　　x

序章　里親家庭の実子を研究する目的………………………………………　1

第1節　研究の背景　　1

第2節　研究の目的と意義　　3

第3節　用語の定義　　4

第4節　当事者が行う研究　　5

第1章　里親の実子とは何か──国内外研究の検討──………………　7

第1節　先行研究の範囲とその動向　　7

第2節　国内外の里親家庭の実子に関する研究　　9

第3節　喪失とその対応に関する研究　　27

第4節　近接領域における研究との比較──ヤングケアラー，障害児・

病児のきょうだいとの関連──　　33

第2章　里親家庭における里親の実子の意識……………………………　42

第1節　インタビュー調査の目的　　42

第2節　調査方法──調査手順と分析方法──　　42

第3節　結果──意識の変容過程の結果──　　46

第4節　本章のまとめ──2つの立場を持つ実子──　　58

第3章　里親養育の開始の際の実子の年齢による意識変容のプロセス　60

第1節　インタビュー調査の目的　　60

第2節　調査方法——複線径路・等至点アプローチ（TEA）とその内容——　60

第3節　里親養育の開始の際の実子の年齢によるプロセス　68

第4節　里親養育が実子に与える影響　132

第5節　本章のまとめ——獲得と喪失の3つのプロセス——　138

第4章　里親の実子が持つ主観的なきょうだいの境界とその変化……142

第1節　主観的なきょうだいの境界に関する調査の目的　142

第2節　調査方法——調査手順と分析方法——　143

第3節　主観的なきょうだいの範囲の結果　145

第4節　本章のまとめ——4つの主観的なきょうだいの境界——　153

終章　里親家庭の実子を生きるとは……………………………………155

第1節　里親家庭で成長する実子　155

第2節　ヤングケアラーとしての実子　161

第3節　主観的な実子のきょうだいの範囲の獲得と喪失　164

第4節　実子と社会制度との繋がり　166

第5節　本研究の限界と今後の課題　169

参考文献　175

おわりに　193

索　引　198

序章　里親家庭の実子を研究する目的

第1節　研究の背景

　保護者の精神疾患や虐待などの理由により，実親とともに生活できない社会的養護のもとにおかれている児童は，2017年度末の時点で約4万5千人いる（厚生労働省，2019）。日本は以前から社会的養護における里親養育[※1]の割合が一部の欧米・オセアニア諸国と比べ非常に低く，「児童の権利に関する条約」18条に照らし，子どもがさまざまな理由で両親や家族とともに生活できない場合は「(a) 里親か小規模なグループ施設のような家族型環境において児童を養護すること，(b) 里親制度を含め，代替的監護環境の質を定期的に監視し，全ての監護環境が適切な最低基準を満たしていることを確保する手段を講じること」などの勧告を国連から受けている（外務省，2010：10）。

　これらを踏まえ，2016（平成28）年に改正された児童福祉法では，家庭養育優先の理念を規定し，実親による養育が困難であれば，特別養子縁組や里親による養育を推進することを明確にした。また，この法律の改正を受け，2017年に厚生労働省が「新しい社会的養育ビジョン」を発表した。この「新しい社会的養育ビジョン」には，具体的な里親委託の数値基準[※2]や，里親を増加させ，質の高い里親養育を実現するためのフォスタリング機関事業の創設などが盛り込まれた（新たな社会的養育の在り方に関する検討会，2017）。里親等委託率は年々上昇しているが，今後もさらに里親やファミリーホームの家庭養護が増加していくことが考えられ，2018年3月現在，全国平均で19.7％となっている里親等委託率は高まっていくと考えられる。

　里親委託を推進していくためには，これまで以上に児童を委託する里親の確保と里親養育の質の向上が求められており，それを早急に進めていく必要がある。里親養育の量・質ともに高めていくためには，里親や委託児童以外の里親

家庭の構成員における里親制度や委託児童に関する意識を明らかにし，新たな里親家庭を支援する資源の開発を行うことも非常に重要になる。里親家庭には里親と委託児童だけが生活しているのではなく，里親の家族（実子，両親，きょうだい，養子）等もともに生活することも少なくない。また一方で，里親の実子が子どもとしての権利を有しているということも重要なことである。里親家庭は児童の委託によって家庭内の急激な変化が起こるとされ（櫻井，2011），そういった環境で育つ実子への配慮は必要なことである。近年，被虐待児や障害のある子どもの里親委託が増加傾向にある中で，実子への支援の必要性が高まっている（北川，2009；岩崎，2010；子ども活き生き里親養育活性化プロジェクトあっとほーむ，2010）。

　厚生労働省は 2012 年に「里親及びファミリーホーム養育指針」を発出し，養育の内容と運営に関する指針を明らかにした。この指針は，養育の質の確保と向上のために作られており，翌年の 2013 年にその概説書となる『里親及びファミリーホーム養育指針ハンドブック』が作成されている（全国里親等推進委員会，2013）。「里親及びファミリーホーム養育指針」の中で，実子について以下の様に明記されている（厚生労働省，2012：12-16）。

- 家族全員が新しく迎え入れる子どもとの生活に影響を受けることを受け止める必要がある。
- 養育者は受託している子どもとそれぞれ個別の時間やかかわりをもつように，実子と過ごしたり話したりする場面・時間も作ることが大切である。
- 実子や既に受託している子どもに，適宜必要なことを説明する。生活を共有する立場である実子も，子どもとして意見表明できる雰囲気と関係を保つ。
- 既に受託している子どもや実子を含む，生活を共にしている子どもへの事前の説明や働きかけを行うとともに，心の揺れ動きなどに十分に配慮する。

　養育指針に明記されている，「実子が受ける影響」，「説明の必要性」，「心の揺れ動きへの配慮」を里親や里親家庭の支援者が実践していくためには，これまで以上に実子が里親家庭で生活をすることによって受ける影響を明らかにし

ていくことが求められていると考えられる。しかしながら，後述するようにこれまで里親家庭における実子の研究は国内外ともに少なく，その実態も十分に解明されていない。特に日本においては，研究数も少ないことに加え，実子への着目も始まったばかりである。先に述べた厚生労働省から発出された省令等の中に実子への記述はなく，「里親及びファミリーホーム養育指針」は実子への配慮等を記述しているにすぎない。

　以上のことから，本研究では里親家庭の実子に着目していく。

第2節　研究の目的と意義

　本研究の目的は，①実子の成長発達やライフイベント，里親家庭の構成員の変化に着目し，実子のさまざまな意識[※3]の変容を明らかにすること，②今後の実子を含めた里親家庭支援のあり方を，近接領域を含めた先行研究やインタビュー調査から明らかにすることである。

　特に，本研究では実子の成長発達を捉えるため，実子の親が里親に登録し，初めて委託児童を受託した時の実子の年齢によって18歳以後[※4]の実子に与える影響の相違，結婚・出産を経験した実子のライフイベントによる意識の変化，実子が里親家庭から受ける影響，実子の成長とともに変化するきょうだいの意識を中心に明らかにする。

　本研究の意義としては，今後これまで以上に増えていくと考えられる里親家庭の人間関係を里親や委託児童の視点からではない実子の経験に着目することで，里親家庭に必要な支援や日本の里親養育の課題点を明らかにできることが挙げられる。また，実子が里親家庭で生活することによる実子の将来に与える影響について明らかにすることができると考える。それらは，現在実子と委託児童を育てている里親だけではなく，これから里親になろうとする人や里親の実子，里親家庭全体を支援する支援者への情報提供の一つとなる。Wallerstein（2000=2001）は，離婚を経験した子どもへの縦断研究において，親の離婚が子どもに与える影響は，児童期・思春期よりも異性との恋愛関係が中心となる青年期以降が大きいとしている。この研究と同様に，青年期以降の実子の意識を明らかにすることにより，子ども時代に経験する家庭内の人

間関係や社会関係が人間の生涯の成長発達にどう影響を与えるのかということを明らかにすることは非常に重要である。

　また，実子の意識の中で特に主観的なきょうだいの境界を明らかにすることは，①実子にきょうだいを得たいと思い里親になろうとする人や，実子と委託児童をともに育てる里親や，その支援者へ情報の提供が行えるという点，②家庭内の役割や立場に関する実子の喪失や意識の変化への理解を深める点において，意義のあることと考えられる。

第3節　用語の定義

　本書で使用する言葉の定義は次の通りである。

　実子とは，里親と血縁関係にある子どもとし，特別養子縁組や普通養子縁組による養子は含めないこととする。また，以後，里親の実子は実子と明記する。小規模住居型児童養育事業[5]（ファミリーホーム：第二種社会福祉事業）はFHと明記する。本研究では里親家庭の実子を対象としているが，FHは2009年4月から事業化されたものであり，FHの過半数以上は里親からの移行である（全国ファミリーホーム協議会，2012）。そのため，現在FHとなっている家庭の実子で里親委託の経験がある家庭の実子を本研究の対象に含めることとする。また，里親家庭に委託された児童を委託児童とするが，第2章・3章・4章の一部インタビューや引用においてはインタビュー協力者の言葉通りに記載するため子ども・里子との記述をする。その際分かりにくい場合は（　　）の中に筆者が補う。さらに，先行研究において近接領域である障害児や病児に関する研究を取り上げるが，障害児や病児を同胞，障害児と病児の血縁関係にあるきょうだいをきょうだいと明記する。このきょうだいには兄弟だけではなく姉妹も含めているが，兄弟姉妹ではなくきょうだいと明記する。実子に関しても基本的にきょうだいを使用するが，第4章のみ，実子の主観的きょうだいの範囲を示す際は，実子の血縁関係にあるきょうだいを一部兄弟姉妹と明記している。

第4節　当事者が行う研究

　当事者が行う研究とは何かということは捉え方によって異なっているが，本研究において当事者が行う研究とは，筆者が「里親の実子」として生きてきた経験を持っているうえで研究を行い，「里親の実子」の協力者へ質的研究を行うことと定義する。

　これまで，学術研究において当事者が行う研究はほとんど公開されずに行われてきた。宮内（2010：i）は「これまでの学術的な枠組みにおいては「客観性」が保証されないという理由から，〈当事者〉自身は語ることさえも許されないという状況が大半を占め，〈当事者〉を表明するものは高等教育機関内部から排除されることが多かったように思える。」と述べている。一言で当事者と言っても，誰が当事者であるのか，何が当事者であるのかはその場面によって異なっている。また，「当事者研究」という言葉がいかなる研究を指しているのかもそれぞれの人の考えによっても異なっている。

　本研究は，宮内（2010）が先に述べたことも考慮に入れながら，また，当事者だからこそ理解をしないままに進んでしまうことや語られないことに配慮しながら進めてきた。ライフストーリー研究の「語り手とインタビュアーとの相互行為をとおして構築されるもの」（桜井，2005：37）を重視しながら，本研究は筆者（インタビュアー）が里親の実子であることを調査協力者が認知したうえでインタビュー調査を行っている。同じ「里親の実子」であるということが，協力者の語りに大きな影響を与えていることは否めない。しかし，インタビューの承諾を取る際になぜこの研究を行っているかを説明することは非常に重要なことで，その際に筆者の経験が関係していることを伝えないことはその後の関係を作り上げるうえでも困難がある。協力者の経験を語ってもらうことだけではなく，相互作用によってインタビューは進められるとされているし，インタビュー後のつながりも非常に重要だと考えた。そのため，本研究は当事者として「里親の実子」へのインタビューを行っていくことにした。

〈序章〉注釈

※1　里親養育とは，里親による委託児童の養育，あるいは里親家庭における養育を指す。本稿ではこれらを「里親養育」として表記する。

※2　具体的な数値目標とは「愛着形成に最も重要な時期である3歳未満については概ね5年以内に，それ以外の就学前の子どもについては概ね7年以内に里親委託率75%以上を実現し，学童期以降は概ね10年以内を目途に里親委託率50%以上を実現する」（新たな社会的養育の在り方に関する検討会，2017：3）

※3　「思考・感覚・感情・意志などを含む広く精神的・心的なものの総体。特に対象を認識する心の働き。主観。」（松村，2006：大辞林第三版）とし，実子の感情，意志やそれらの変化などを指す。

※4　18歳以後とした理由には，本研究は実子の語りを重視する研究だからこそ，実子自身の言葉で実子の経験を振り返って語ることができる年齢と判断したこと，これまで明らかにされていない青年期後期以降の実子の意識変容を明らかにするためである。

※5　小規模住居型児童養育事業（ファミリーホーム）とは，2008年の児童福祉法改正によって新設された事業である。里親は4名までの子どもを家庭に引き取って養育するが，ファミリーホームは5〜6名の子どもを養育することができ，かつ養育者以外に補助者を置くことができる。2008年までいくつかの自治体（横浜市，東京都など）でファミリーホーム制度が取り入れられており里親が養育を行っていた。ファミリーホームは事業ではあるが養育者の家庭での養育を行うことや夫婦が基本となることから家庭養護として位置づけられている。

第1章　里親の実子とは何か
——国内外研究の検討——

第1節　先行研究の範囲とその動向

　本研究は，里親家庭の実子を中心に研究を行っていくが，里親家庭の実子に関する研究は国外では少しずつ増えてきているものの，国内ではほとんど明らかにされていない状況である。しかし，筆者の指摘する，「18歳未満の児童としての立場」と「ケア役割を家庭内で担う立場」（山本，2013a：79）という，里親家庭の実子において見られる立場を持ち生活している子どもに関する研究は，近接領域において行われている。例えば，子どもが家庭内のケア役割を担うという点では，ヤングケアラー（young carer）という定義が少しずつ広がってきている。そこで，本研究では先行研究の中に補足的にヤングケアラーに関する研究も取り上げ，ヤングケアラーの中に含まれている特に障害児のきょうだいや病児のきょうだいに着目し先行研究をまとめることとする。また，これまでの先行研究で指摘されている実子の抱える課題としての喪失も本研究内で取り扱うため，喪失に関する先行研究と実子の研究との関連も含めて取り扱うこととする。

　本節では第2節以降で後述する先行研究の範囲を説明する。そして，第2節で本研究の中心となる里親家庭の国内外の先行研究について整理し，その後の第3節では国内外の実子に関する研究で指摘されている喪失に関して，第4節では近接領域の先行研究を取り上げる。近接領域とは先に述べた障害児・病児のきょうだい・ヤングケアラーである。

　なお，先行研究をまとめる際にCiNiiの検索件数を挙げている。その理由は各先行研究の文献量の比較のためである。取り扱う先行研究はCiNii上の論文以外にも書籍，論文を採用している。

近接領域の先行研究として取り上げる障害児・病児のきょうだい・ヤングケアラー研究の論文に関しては，主に 2018 年 11 月末までの期間に発表された国内の論文・書籍を対象とし CiNii でタイトル名のキーワード検索を行った。障害児のきょうだいの文献の検索結果は次の通りである。タイトル名のキーワードに「きょうだい」，「障害児」で 118 件，または「きょうだい」，「障害者」で 47 件，「きょうだい」，「障がい」で 24 件だった。病児のきょうだいの論文に関しては，キーワードを「きょうだい」，「病児」で 37 件，「きょうだい」，「患児」で 23 件，「きょうだい」，「患者」で 9 件，「小児がん」，「きょうだい」で 17 件だった。このうち，タイトルにきょうだいとあっても研究対象が母親や父親，支援者を中心とした論文やきょうだいや親の支援のプログラムを中心とした論文を除いた。また，学会発表等の抄録などを除き，論文に限ることとした。

　ヤングケアラーの論文に関しては，キーワード「ヤングケアラー」で 32 件となり，先行研究にはその他 CiNii で検索できない書籍を加え，その他，国外の論文や報告書なども一部含めている。

　これらの文献に加え，本研究で中心に論じる里親家庭の実子に関する研究は次の通りに分析を進める。主に実子の研究が進められている国外の研究を中心とする。

　里親家庭の実子に関する国外の論文は近年複数の文献研究が行われており，その中でも文献数が多い Twigg and Swan（2007）と Thompson and McPherson（2011）が取り扱った論文を精査し 15 件を選んだ。さらに，Hojer and Sebba ら（2013）がまとめたイギリス，アメリカ，カナダ，スウェーデン，ベルギー，スペインの 20 件の論文のうち，実施への調査を含まない 2 件を除いた上で，先に挙げた 15 件以外の論文 8 件を追加し，その他の国外の論文 3 件を含め国外合計 26 件とした。その他，国内における海外研修の報告書や国外の里親養育に関する国内の書籍等の記述も一部先行研究に含める。

　国内の文献は 2018 年 11 月末までに CiNii のタイトル検索でキーワードを「里親」，「実子」を用いた。結果では 10 件だったが，2 件が重複しているものでそのうち論文 1 件は実子を対象としていなかった。その他の 6 件（渡邊，2008；中島，2010；山本，2011；横堀 2012；山本 2013a；山本，2016）が実子

に関するものであった。さらに CiNii には掲載されていないが実子の調査が行われた木村・岡村（2001），木村（2003），和泉（2007），山本（2013b）を参考とし国内では 10 件となった。その他，実子に関しての記述のある書籍や報告書なども一部含めて論じる。以上，実子に関する先行研究は合計 36 件（国内 10 件，国外 26 件）となった。

第2節　国内外の里親家庭の実子に関する研究

（1）国外の実子に関する研究

1）実子の調査研究

　国外では 1970 年代から里親家庭の実子が里親養育を困難とさせる理由の一つだと報告されている（Ellis, 1972; Wilkes, 1974）。表 1-1 に示しているようにこれまで実子の研究に関して 3 つの文献研究が発表されている。Twigg and Swan（2007）は 14 人の研究者による 11（unpublished）の論文を整理している。また，Thompson and McPherson（2011）は 14 件の調査研究を行った論文をまとめている。さらに 2013 年にオックスフォード大学の REES CENTER の調査で，世界の実子の文献調査が行われた。この調査によれば，6 カ国（イギリス，アメリカ，カナダ，スウェーデン，スペイン，ベルギー）の 20 件の論文が取り上げられている。一部の調査は実子が含まれておらず，里親や委託児童へのインタビューも併せて行われている論文もある。

　これらの 3 つの文献レビューから調査が行われた国はイギリスが多く，次いでアメリカ，カナダ，スウェーデンとなっている。他にもベルギーやスペイン，オーストラリア（Nuske, 2010），アイルランド（Williams, 2017）での実子の研究も行われるようになっている。調査は量的調査を行った研究が 7 件（Part, 1993; Poland and Groze, 1993; Watson and Jones, 2002; Hojer, 2007）であり，量的調査と質的調査を併せて行ったものもある。その他は質的調査（フォーカスグループインタビュー，個別インタビューなど）による研究で，調査対象者の年齢は 6 歳〜 33 歳と幅が広く行われている（表 1-1 参照）。

　里親家庭ではないが同じ社会的養護という背景を持つ養子縁組家庭の実子に関する研究も発表されている（Ward and Lewko, 1987; Phillips, 1999）。主に

調査された国はアメリカであり，里親家庭の実子に関する研究よりは相対的に数が少ない。Phillips（1999）は17人の養子縁組家庭の実子にインタビュー調査を行っている。この中で，思春期前の実子は，養子縁組された子の親がなぜいないのかという質問や本当のきょうだいなのかという問いに答えることが非常に難しいと感じることを明らかにしている。また，実子と養子の喧嘩や争いごとは，家族の中の問題の一つとして挙げられている。

　オックスフォード大学の調査は「里親の実子が里親養育で受ける影響について」と題した報告書を発表した（Hojer and Sebba et al, 2013）。この調査の2つの目的は，①里親養育が始まる前に実子にどのような準備が必要であるか，

表1-1　本研究で取り上げる実子を対象とした調査研究の調査内容

(Thompson and McPherson, 2011; Hojer and Sebba et al., 2013 を参照，加筆)

2007	2011	2013	著者と日付	国	参加者の数と年齢	調査方法	その他
○			Ellis（1972）	カナダ	21名	質的調査	里親が行うグループホームの中で育つ実子への調査
○	○		Kaplan（1988）	アメリカ	15名・6〜12歳	半構造化インタビュー	心理学的な調査
	○	○	Martin（1993）	イギリス	7名・10〜15歳	ディスカッショングループ	元々行っていたグループ内でのディスカッション
○	○	○	Poland and Groze（1993）	アメリカ	51名・8〜32歳（平均15歳）	量的調査（14歳以上の29名のみ自由記述）	
	○	○	Part（1993）	イギリス（スコットランド）	75名・3〜24歳	量的調査アンケート（4名のみ質的調査）	
○	○	○	Twigg（1994）（1995）	カナダ	8名・15〜28歳	非構造化インタビュー	治療型里親の実子に限定同じ調査〈目的は別〉・別の雑誌掲載
		○	Reed（1994）（1996）	イギリス	8〜20歳・23名	ディスカッショングループ・個別インタビュー	同じ調査・別の雑誌掲載学習障害のある委託児童のケアをする里親の実子
○	○	○	Pugh（1996）	イギリス	9名	インタビュー	意図的なサンプリングをし，様々な年齢や委託人数などから9名選出。4名の里親にもインタビュー
		○	Fox（2001）	イギリス	8名	インタビュー	
○	○	○	Watson and Jones（2002）	イギリス	116名	量的調査（一部半構造化インタビュー）	
	○	○	Swan（2002）	カナダ	合計31名（12〜30歳）	オープンエンドのインタビュー，フォーカスグループ	12〜18歳の19人を3つのグループインタビュー 19〜30歳の12人に非構造インタビュー
	○	○	Spears and Cross（2003）	イギリス	20名・8〜18歳	半構造化インタビューとグループインタビュー	

②委託児童がいることでの実子が受ける影響はなにか，であった。その結果，準備として必要なことは，委託児童の状況をソーシャルワーカーが実子に伝えることであるとし，その理由として性的虐待等で委託された子どもの委託前の状況による行動から被害を事前に防ぐため実子に情報を伝える大切さを述べている（Martin, 1993）。また，実子へ里親についての研修なども必要であるということにも言及している（Pugh, 1996）。

　次に，委託児童がいることでの実子が受ける影響を成果と課題の２つに分けている。成果とは実子に与える良い影響として考えられていることであり，主に６つ，課題を９つ挙げている。（参照：表1-2）

　成果として挙げられていることは，きょうだいが増えて楽しくなったとい

2007	2011	2013	著者と日付	国	参加者の数と年齢	調査方法	その他
		○	Amorós, Palacios, Fuentes, León and Mesas (2003)	スペイン	89 里親家庭	質問紙・インタビュー	
○			Heidbuurt (2004)	カナダ	合計９名（7～16歳・５名と成人４名）	インタビュー	５名の里親（インタビューをした実子の親）へのフォーカスグループのインタビューも実施
	○	○	Höjer and Nordenfors, (2004, 2006) Hojer（2007）	スウェーデン	合計761人 684名質問紙・17フォーカスグループ・16ディスカッショングループ・８名インタビュー	質問紙・インタビュー・フォーカスグループ・デジスカッション	同じ調査，別の論文。
		○	Denuwelaere and Bracke (2007)	ベルギー	100家庭の里親・里子・実子	質問紙・スケール・チェックリスト	
	○	○	Younes and Harp（2007）	アメリカ	16名（8歳以上）	半構造化インタビュー	里親（30代半ば～50代後半）へのインタビューも行う
		○	Walsh and Campbell (2010)	イギリス	28名	質問紙，インターネット投票	14名の里親にも行う
			Nuske（2010）	オーストラリア	22名・9歳～32歳	半構造化インタビュー	16名は18歳以下。6名は18歳～32歳。
		○	Sutton and Stack（2012）	イギリス	7名・12歳～18歳	半構造化インタビュー	
			Serbinski and Brown（2017）	カナダ	15名・20歳～33歳	非構造インタビュー	児童福祉ワーカーとの関連を中心とする質問
			Williams (2017)	アイルランド	15名・18歳～28歳	半構造化インタビュー	

※表の左の○は，実子の先行研究を行った論文（Twigg and Swan, 2007; Thompson and McPherson, 2011; Hojer and Sebba et al., 2013）での扱いの有無を示した。また，同じ調査であっても，別の論文の場合，文中の件数に含んでいる。

表1-2　実子への影響：成果と課題

(Hojer and Sebba et al（2013）を参照し山本が作成)

成果	・家族の評価が上がること ・チームの一員としての気持ちを持つこと ・友達を作ることができること ・より優しく親切で共感するようになること ・他人の不幸についての理解ができるようになること ・責任感を学ぶことができるようになること
課題	・場所や両親との時間を共有すること ・委託児童の困難な行動から影響を受けること（盗みや嘘をつくなど） ・純粋な子どもらしさの喪失（loss of innocence） ・責任感を持ちすぎて心配すること ・両親に委託児童の問題を話さないこと ・両親の期待を受けること（行動について） ・両親の負担の軽減をすること ・守秘義務について考えること ・委託解除の際の対処

うこと（Part, 1993）や家族としての気持ちを持つことができること（Hojer and Nordenfors, 2004, 2006）などである。また，実子が高い責任感を持ったり，他人を助ける力を身に付けたりすること，外向的になることなどが，実子としての経験で得られるものとして挙げられている（Younes and Harp, 2007）。

　このような利点の一方で，多くの研究が実子に与える否定的な影響を述べている。場所や両親との時間の共有，純粋な子どもらしさの喪失（loss of innocence）などは，大きく分けて実子の喪失となる。これらにはいくつかの種類があり，委託児童が家庭に来たことで両親との時間の喪失（Twigg, 1994），家族の親密さの喪失（Poland and Groze, 1993），委託児童が去ったり家庭内に入ったりすることでの家庭内の居場所感や役割の変化（Wilkes, 1974），親の関心の喪失（Ellis, 1972; Kaplan, 1988; Watson and Jones, 2002）があるとされている。また，委託児童との別れに対して実子は喪失感を持ち（Poland and Groze, 1993; Pugh, 1996; Watson and Jones, 2002），実子にとってトラウマを生むことに繋がることも指摘されている（Sutton and Stack, 2012）。

　また，この報告書で取り上げなかった30年ほど前の実子の論文では，幼少期に委託児童が委託されたり措置変更や実親の元へ帰ったりすることを見聞きしている実子は，自分もいつか同じ状況になるのではないかという不安を持つ場合があるとしている（Kaplan, 1988）。他の否定的な側面として，委

託児童の実子への暴力的行為の危険性や委託児童が母親へ暴力を振るうことも，実子にとっては精神的不安定に繋がる可能性があることを挙げている（Watson and Jones, 2002; Twigg and Swan, 2007）。そして問題行動やネガティブな感情に対して適応することの難しさも指摘されている（Part, 1993; Pugh, 1996）。また，実子は周囲からより多くの期待をされることを感じており（Younes and Harp, 2007），特に年上の実子は委託児童や親について考えることなどから正義感が強くならざるをえないと述べられている（Thompson and McPherson, 2011）。Hojer and Nordenfors（2006）は責任感を持ちやすいのは女性が多いことも示している。さらに実子への期待が多いということに加え，約60％の実子は良い子でいて，「両親が養育上困難を抱えたりトラブルになった場合，解決することを手伝うように心掛けている」とする意見に同意したと述べている（Hojer and Nordenfors, 2004, 2006）。実子のケア役割に関しては委託児童の行動が激しい時は両親（特に母親）を守る必要があると実子が感じており（Sutton and Stack, 2012），自分の課題やニーズよりもまず委託児童のニーズを先に解決するように心掛けることが挙げられた（Hojer, 2007; Hojer and Nordenfors, 2004, 2006）。アイルランドの実子への調査においても同様に，実子は委託児童への養育への責任を持ちながら，親や実のきょうだいを守ろうとする傾向にあるとされている（Williams, 2017）。

　また，守秘義務が実子に与える影響があることも見いだされた。実子は委託児童に関する詳細を他人に漏らすことが許されていないため（Hojer and Nordenfors, 2004, 2006; Martin, 1993），委託児童に関する質問を受けることに対して神経質になることも示されている（Spears and Cross, 2003）。委託児童は里親よりも実子に自らの生活体験などの秘密を話すことがあるとされているため，里親と実子はよく話し合いをしていく必要性が指摘されている（Hojer and Sebba, 2013）。

　実子と委託児童の年齢の差が及ぼす影響に関しての結果は，研究によっても異なっているが，年齢が近いよりも実子の年齢が委託児童よりも高い場合にうまくいくと言われている（Pugh, 1996; The Fostering Network, 2003）。研究によっても年齢についての結論は異なっており個別差があるのは明白だが，委託児童の年齢は実子に大きな影響を与える。実子と委託児童の年齢が同じ

か，もしくは年齢差が小さい場合，競争が増え関係が悪化すると言われている（Höjer and Nordenfors, 2004, 2006; Twigg, 1994）。Höjer and Nordenfors（2006）はより年齢差がある方が良い関係でいることを示している。実子が委託児童より年齢が上でいることは，実子が「ヘルパー（helper）」となるため，それが里親のチームに含まれ関係が良くなるという指摘もある（Sutton and Stack, 2012）。しかしながら，同時に，年長の実子は両親や実のきょうだい等の里親家庭内でのアドボケイト（代弁）の役割を担うため，そこには十分な支援が必要であるとも指摘されている（Williams, 2017）。さらに，里親を始める前の実子のきょうだいの定位置（長女・長男・末っ子など）が委託によって変化することは実子にとって悪影響をもたらすことも報告されており，実子は元々のきょうだいの定位置を好むことも明らかになった（Younes and Harp, 2007）。きょうだいの定位置の変化が起きると，実子のアイデンティティの形成に悪影響が出るという指摘もある（Thompson and McPherson, 2011）。

　児童福祉のワーカー（child welfare worker）と実子に関する研究も行われている（Serbinski and Brown, 2017）。この調査では15名の実子へのインタビューの中で，実子はクライエントでもボランティアでもないため，児童福祉の支援者からの実子の支援には時間や政策，資金の制限があり，実子支援が見落とされがちであることが示されている。また，児童福祉のワーカーは実子への支援の場所や時間を作る必要があることや，実子の話に耳を傾けることが必要であるとされている。

　その他の報告書などで，実子についての研究が多く行われているイギリスでは以前から里親養育が実子に与える影響は里親制度の主要な問題の一つであるとしている（Department of Health, 1991=1995; Sellick and Thoburn, 1997=2008）。イギリスの大学における児童福祉の教育においても，参考書内で里親に関することの中に実子についての影響や研究について明記されていることからも注目されていることがわかる（Jack and Donnellan, 2013）。また，里親に関するイギリスの最低基準（The UK National Standards for Foster Carers: NFCA, 1999）の中でも，実子には権利やニーズがあることを明らかにしている。

　里親に関する書籍や教科書の中では，実子が委託児童に与える影響もある

とし，実子と委託児童の年齢差が小さく，実子が5歳未満の場合など，年齢によって里親養育がうまくいかないという報告がある（Sellick and Thoburn, 1997=2008; The Fostering Network, 2003=2011）。さらに，虐待を受けた委託児童と実子との関係についての研究も行われている。性的虐待を受けた児童とともに生活する場合には，実子やその他の委託児童へのリスクが非常に高くなるため委託には慎重になるべきであるとしている（Farmer and Pollock, 1999; 子どもの虹情報研修センター，2005）。

　国外の実子に関する研究を行った研究者は以下の何点かの実子研究や里親制度についての課題を述べている。

　実子は里親養育を支え24時間ともに生活しているのにもかかわらず，十分な支援や情報がないことや（Poland and Groze, 1993; Watson and Jones, 2002），実子の声は里親制度や児童福祉の研究の中で取り上げられていないため今後実子の声を取り上げ，支援の対象に含める必要性があること（Younes and Harp, 2007），ソーシャルワーカーが実子の存在を重要視しておらず，実子の声を聴き支援をする必要性があること（Watson and Jones, 2002; Walsh and Campbell, 2010; Williams, 2017; Serbinski and Brown, 2017）などが挙げられている。また，Sutton and Stack（2012）の研究では，過去の実子に関する研究では発達段階にそって考えることや，役割の重要性を明確にすることはできていないと指摘している。その点を踏まえ，12〜18歳までの女子6名，男子1名へのインタビュー調査を行っている。4つの概念Changes（変化）・Teamwork（チームワーク）・Empathic learning（共感的学習）・Endings（結末）を明らかにし，近年里親と委託児童のアタッチメントの重要性に関心が集中しているが，実子と親（里親）のアタッチメントの重要性に関する指摘は含まれていないということを述べている。実子と里親である親とのアタッチメントは実子の成長だけではなく，実子がトラウマを受けた際などに非常に重要であるとし，今後里親家庭で育った後の成人期まで続く断続的な実子への調査が必要であるとしている。

　Hojer and Sebba ら（2013）はこれまでの実子の文献研究を踏まえ，4つの課題を挙げている。一つ目は実子の量的調査がまだ少ないため家族スタイルや障害の有無などを明らかにするための大規模な量的調査を行うこと，二つ目は

実子の介入システムや支援プログラムを開発すること，三つ目は委託児童に与える実子の役割について明らかにすること，四つ目は実子の成長，実子が里親になり得るかを明らかにするための縦断的研究としている。

２）実子の支援の現状

国外ではこのように近年になり実子への研究の必要性が叫ばれ，研究も徐々に増えつつある。しかし，実子支援の実践はまだ十分に行われていないともいえる。イギリスでは里親の委託機関の中の家族委託ワーカー（里親委託・養子縁組をもっぱら担当するソーシャルワーカー）の役割の１つとして，里親家庭の全構成員に対するカウンセラーの役割があるとしている（The Fostering Network, 2001=2006）。Thoburn（2010）によれば，イギリスでは認定の際に実子への面接は両親である里親希望者とは別室で必ず行われており，実子の家庭での様子の視察も併せて行っていることが報告されている。また，イギリスには Ofsted（Office for Standards in Education）と呼ばれる教育・児童機関の基準を審査する機関があり，民間のフォスタリング機関（里親支援機関）もこの審査の対象となっている。この中で，実子に関しての記述も極わずかであるが挙げられているとしている（Walsh and Campbell, 2010）。この記述とは，LA Fostering という機関に対しての報告で「里親に関するフォーラムや里親家庭が参加するグループ活動において，里親の実子（娘や息子）の相談に乗ることや情報を共有することを推奨すること」が述べられている（Ofsted, 2008: 7-8）。Walsh ら（2010）によれば，この機関以外の実子の支援に関する記述は行われていなかったとしている。

イギリスの代表的な里親の研究機関である The Fostering Network や BAAF（British Association for Adoption and Fostering。 現 在 は Coram BAAF）では，里親家庭の実子向けの冊子が製作されている（BAAF, 2003; The Fostering Network, 2008a, 2008b）。BAAF の冊子は絵や色を使用しワークブックのような年少児にとってもわかりやすいような作りで，里親について，家族について，実子の気持ちを書き込めるようになっており，実子が話し合いなどをする際に参加できるように実子の親である両親への説明も書かれている。The Fostering Network の冊子（2008a）は，実子についての研究などを踏まえ，実子の心境などを詳細に説明する冊子になっており，ソーシャルワー

カーやフォスタリング機関（里親支援機関）との関わりにも触れているもので
ある。もう一つの冊子（2008b）は実子自身に里親家庭について絵を交えてわ
かりやすく書かれていることが特徴である。さらに，"Stella" という実子に向
けた里親や委託児童に関する絵本も出版されている（The Fostering Network,
2010）。委託児童がやってくる前から里親家庭での生活に慣れるまでの生活を
描いた内容になっており，2013 年に行われた IFCO 大会においても紹介され
ている（Davidson, 2013）。さらに，The Fostering Network では毎年 10 月に
"Sons and Daughters Month" と呼ばれる実子の里親養育における役割や貢献
を祝うためのイベントを行っている。このイベントを通して実子の存在が里親
養育において必要不可欠であることを広め，実子への理解を進めている。

　社会的養護に占める里親委託の割合が 90％を超えるオーストラリアでは，
エビデンスベースの実子支援プログラムが開発されている。"I care 2" という
このプログラムは，オーストラリアのベリーストリート・ウエストケア・オー
ストラリア里親協会が助成金において作成したものである（Berry Street and
Westcare, 2012）。このプログラムでは里親認定や研修の際に実子に対しグル
ープで里親制度についての学習や家族の概念について，里親養育が実子に与え
る影響などを話し合う機会が設けられている。このプログラムは 2 つの年齢の
グループに分けられており，13 歳以上の実子はその後実子のグループ活動が
できるような取り組みもなされている。

　このように実子の支援の状況は国や自治体，各機関によって異なってお
り，共通しているのは制度の中で実子を直接支援する公的な取り組みという
ものはまだ始まっていないということである。イギリスの里親機関の基準に
も実子の支援は任意と明記されている（Department for Education, 2011: 24）。
Serbinski and Brown（2017）も実子支援には里親養育における政策・時間・
財政面の制限があり，各支援者の考え方や働き方でその内容が変わることを示
している。里親の関係機関によって実子に焦点を当てているか，支援を実行す
る機能があるかで大きく差があるということである。

（2）国内の実子に関する研究

1）国内の実子の数

　日本において，実子のいる里親家庭の割合を調べた量的調査は非常に少ない。

　本研究では全国の実子の数を把握するための調査を行わなかったが，積極的に里親委託を推進している A 県児童相談所において 18 歳未満の同居の実子の数を手作業にて調査し，結果を論文内で掲載することを了承していただいた。その結果，里親登録し委託児童を受託した家庭のうち 18 歳未満の実子がいる場合は 37.5％となった。

　その他の調査の中で実子に関する項目があったのは次の 6 つであった。東京都養育家庭センター協議会（1998）が行った里親への調査では養育家庭の 42.5％に実子が，23.4％に他の委託児童がいると明らかにした。39 世帯の里親への調査は 56.4％の里親家庭に実子がいることを明らかにし（園井，2010），近畿圏の里親を対象とした調査では 35.7％に実子がいるとしている（木村，2012）。また，全国の児童相談所への調査において，委託時に里親家庭に実子（養子含む）が 43.5％いることも明らかになっている（庄司ら，2011）。2017 年に行われた全国の 42 自治体への調査において実子が 52.3％におり，うち実子の人数は 2 名が 31.2％，次いで 1 名が 29.3％であることがわかった（三輪・大日，2018）。全国の FH に対して行われた調査（有効回答率 83.4％）では，実子が FH 内で生活している割合は 121 ホーム中 56 ホーム・合計 90 名（平均年齢 20.4 歳）とし，90 名以外に養育者では 4 名（5.6％），補助者では 48 名（18.5％）が実子であることがわかった（日本ファミリーホーム協議会，2012）。日本国内には児童が委託されている里親家庭は 2018 年 3 月において 4245 世帯（うち養育里親と専門里親はあわせて 3522 世帯）と少ないが（厚生労働省，2019），これまでの調査から里親家庭や FH において実子が生活していることは家庭養護において少数ではないことが明らかになっている。

　しかしながら，これらの調査は登録里親や委託児童の数のように，日本全国の実子の詳細な数の把握や年齢の把握は行われていない。また，実子についての質問項目があっても，日本ファミリーホーム協議会の全国調査以外は実子を定義した上での調査は行われていない。したがって，上記の調査では実子には養子が含まれている可能性があり，18 歳までの同居する実子のみの情報や地

域が限定されている調査も含まれている。実子は里親の同居家族として児童相談所に申請されたものでしか把握されておらず，例えば成人した実子などは明らかにされないことがあると考えられる。

２）実子に関する調査

里親への関心が高まってきた 2000 年以降に出版された里親関連の書籍には，実子への配慮が必要なことや委託児童との生活が開始された後に実子が不安定になることなどが述べられている（庄司，2003；櫻井 2005；庄司・篠島，2007；吉田，2009）。これまで国内で発表された実子に関する論文は，自らの里親の実子としての経験を述べたものがほとんどである。その中で，渡邊（2008）は自分自身の経験や他の実子の声から実子には代弁者がいないことや里親制度について実子にほとんど説明がないことなどの課題を述べている。横堀（2012）は，実子は里親家庭で他の子どものケアの優先をすることを理解し子どもならではの「適応」をしており，ロールモデルになることを求められる構造的負荷があるとしている。

日本では実子に関する調査はほとんど行われていない。日本においての実子の研究としては主に，木村・岡村（2001），木村（2003）がまず挙げられる。この研究は里親が昔から盛んに行われている宮城県の一部の地域に限定した事例研究であり，木村・岡村（2001）の一部の研究結果が木村（2003）の著書に含まれる形になっている。この研究は里親に関しての知識や受容がある地域におけるもので，実子は里親制度や里親家庭で生活する環境を受け入れているとしている。「（実子は）何も疑問もなく里子達と生活している」と述べられ（木村・岡村，2001：66），地域社会や地域住民による支援体制を確立していくことの重要性を取り上げている。

また，和泉（2007：101）は NPO 法人の報告書の中で実子 1 名へのインタビューを行っており，生活の中での葛藤や困難について取り上げ，「実子は，里親とは異なる葛藤を抱えることになる」と述べている。そして，実子は里親とは異なる立場であり，実子が日本においてマイノリティとしての葛藤を得ていることを指摘し，今後の実子への研究と支援の重要性を論じた。

筆者が行った，成人した実子 11 名へのインタビュー調査では，実子の意識が生活の経過とともに変わり，家庭内で親をサポートする役割やきょうだいと

しての役割を担っていることが明らかになった。その上で，今後里親家庭全体への支援や実子に対して社会や里親養育に関わる人々が実子の意識を知ることが重要だと結論付けた。この研究で，実子の2つの立場，「18歳以下の児童であること」，「ケア役割を家庭内で担うこと」を挙げ，実子が考慮される必要があることを述べているが，詳細な年齢による違いなどを明らかにしていない（山本，2013a）。また，実子のピア・サポートの支援に向けて実子へのアンケート調査を実施し，その中で日本において，実子はこれまでピア・サポートを受ける機会もほとんどなかったが，他の複数の実子が出会うことにより実子が持つ意識に変化をもたらすこと明らかにした（山本，2016）。

　この他に，里親養育が不調となる原因として実子の存在が挙げられ（森，2001），委託しやすい事例として「実子がいない」とされる一方で（櫻井，2000），里親家庭の中で実子が養育者である里親を支えているとする研究もあり（森本・野澤，2006；野澤，2010），委託児童にとって実子から受ける影響は非常に大きいと考えられる。里親を対象とした調査において「里親たちは想像力や専門的知識を総動員し，他の家族成員の力を借りて」里親養育を行っていると述べている（安藤，2010：57）。専門里親に関する研究においても，実子がいる里親の方が専門里親への関心が高いことが明らかになった（木村，2005）。この結果から，里親を始めた動機が里親に実子がいることで「子どもがほしい」ということではなく，社会福祉的な視点を持っていてさらに児童を育て始めていることがうかがえる。

　里親家庭には委託児童と実子の「不均衡な関係（和泉，2006：101）」や「利益の二重構造（野澤，2010：11）」があると言われ，被虐待児や障害児の委託の増加など課題がある養育が増加する中で，実子への支援の必要性がさまざまなところで提示されるようになってきている（全国里親等推進委員会，2013）。日本では委託児童と実子のマッチングに関しても，具体的に書かれているものは少ない。米沢は長年の養子縁組や里親養育のケースワークから「すでに実子や養子や里子がいる家庭の場合，その子どもたちよりも年少でいくつかの歳の開きがあるほうが受け入れやすくて望ましい」としているが（米沢，2003：27），それが一般的に行われているとは限らない。児童相談所においての里親認定にする調査研究の中で，10の地域のマニュアルなどを調査した結果，実

子に関する質問項目や注意点を含んでいるマニュアルは数自治体しかないことが明らかになっている（林ら，2014）。酒井（2005）の調査によると，児童相談所が養育里親認定調査の項目として「家庭の雰囲気」を挙げ，その中には「家庭内の人間関係」「実子や同居人の里親への理解度」「実子の成長状況」の項目がある。申請者の家族情報としては「希望者の実子・同居人の理解」を挙げているが，認定調査方法の内訳として，家族全員との面接をしている自治体と里父母のみの面接だけの自治体が混在しており，どういった面接をしているかなども明らかにされていない。これらの調査からマニュアルのある都道府県や政令指定都市が少ない中でも実子に関する項目はさらに数が少ないことが理解できる。河野（2015：87）は大分県の里親委託の事例の中で「里親家庭に実子がいる場合は，家族状況の把握，実子ケアの視点から状況に応じて実子面接も実施するとよい。」と述べている。先に述べたように，里親及びファミリーホーム養育指針においても実子への同意の必要性などを述べているが，実際の同意の取り方についての決まりはなく，調査する地域や人によって大きく異なっていることが課題として挙げられている。

　本研究では大きく取り上げることができないが，2011年に起きた東日本大震災において両親もしくは養育をしていた親を亡くした子どもたちの多くが親族のもとで生活を送っている。おじやおばとともに生活を送る中で，いとこと同じ家庭で生活を始めるケースも少なくなく，親族里親からも実子と委託児童（姪や甥）の養育に困難を抱えるケースも出てきている（石島，2013）。

（3）主観的な家族ときょうだいの範囲：実子の家庭内の役割
1）主観的な家族の範囲

　本研究の目的のひとつに，主観的な実子が持つきょうだいの範囲について明らかにすることを挙げた。そのため，まずきょうだいではなくこれまでいくつかの研究がなされている主観的な家族の範囲に関する調査結果を整理していきたい。

　「主観的家族」に関する研究以前に，いくつかの家族認識に関する研究が行われている（山田・天木，1989；長山・石原，1990；西岡・才津，1996）。これらは量的な質問紙調査が用いられ，家族認識の範囲を調査している。

主観的な家族の範囲とは，家族を血縁やともに生活する集団で区切るのではなく，個人が捉える「家族」を人びとの認識や解釈で区切ることである。主観的な家族の範囲を，山田（1986）は「主観的家族像」，上野（1994）は「ファミリィ・アイデンティティ」（Family Identity：FI）と呼び，また田渕（1996）は「主観的家族論」とした。

　また，亀口（2003）は家族心理学の立場からミニューチン（Minuchin, 1974=1984）の"boundaries（境界線）"について論じている。その中で家族の境界線を〈家族境界膜〉と定義しその概念を，「力動的で可変性を富むものであり，境界膜を介しての相互作用や相互浸透を前提としている。」と述べ（亀口，2003：7），家族システムの類型や多世代家族の問題点を挙げている。

　家族社会学の立場から主観的な家族を詳細に考えていくと，山田（1986：59）は「ある範囲の人を『家族』と見なす認知は，主観的な現象である。」とし，「夫婦集団」，「親族を成員基準とする集団」，「主観的家族像」を近代家族の家族現象のレベルとした。その後，山田（1994）は，人々の家族の境界には，家族として意識する基準として①血縁，②家族としてするべき活動を一緒にしている，③情緒的に愛着を感じる，の３つを挙げた。上野（1994：5）は「家族を成立させている意識を，ファミリィ・アイデンティティ」と説明し，「何を家族と同定indentifyするかという『境界の定義』」とした。インタビュー調査から上野は４つの現象を明らかにし，人によって家族の境界が異なると述べている。この調査の中で上野は複数の家族の成員のファミリー・アイデンティティを明らかにしている。さらに，「実体」と意識の間に乖離が見られること，さらにファミリー・アイデンティティの「境界の定義」に，家族メンバー相互にズレがあることを指摘している。田渕（1996：20）は「主観的家族論」を「個人の『家族』に関わる認知や経験を観察者ないし理論家の分析枠組みの中に取り込むことを，方法論上重視する立場」とし，主観的とは「当事者の主観的経験を方法論上重視するということの簡便な表現として用いているものであり，研究者の主観を重視する等の意味を持つものではない」と述べている。

　田渕（1996：28-29）は山田や上野の主観的家族像やファミリー・アイデンティティの議論を中心に家族境界に関する問題３点を挙げ，その上で，主観的家族論が実りある寄与を行うために，３つの例を挙げた。「行為者のどのよう

第1章　里親の実子とは何か——国内外研究の検討——　*23*

な社会的／ライフヒストリー的属性がその家族認識を規定するか」，「行為者間のどのような相互行為が家族認識を規定するのか」，「行為者の持つ家族認識が行為者の他の行動にいかなる影響を与えるのか」という例は，その人の人生の過程や他の行動への影響との関連性を明らかにしていく重要性を述べている。

　家族の境界に関する研究はその後ステップファミリーや再婚家庭の研究でも行われている。梶井（2006）は親の離婚を経験した子どもを対象にした調査を行い，子どもの家族意識が離婚によって変わることや家族とのズレ，複雑な心境を持つことを明らかにしている。離婚や再婚により家族の構成員が変化するということは，里親家庭の委託や措置解除と類似しているところがある。国外で里親の家族意識に関する研究は Thomason and McArthur（2009）が行っている。この研究で，里親のインタビューにおいて，家族の境界線の曖昧さと里親の喪失に関する経験を知ることは，里親の養育経験を知る上で非常に重要であることを指摘している。この研究は里親を対象とした調査であるが，里親の子どもである実子の家族の境界線に関しても明らかにしていくことでこれまでとは異なった視点で里親制度や里親家庭を考えていくことができると考えられる。

　里親に関して家族社会学から論じた和泉（2006：249-250）は，里親への調査の中で「家族」という枠に関して次のように述べている。「里親家庭の場合には，子どもという新しいメンバーが加わることによって，『家族』の境界の変更が迫られ，文字通り『新しい家族』が『構築』される。このような家族にとって『家族』として過ごしてきた歴史に対する各メンバーの認識のずれは，『家族』の維持とその後の『家族』の『構築』を支える上で，根本的な問題となる。」。さらに和泉（2006：262）は「実子や祖父母など，他の『家族』のメンバーも非常に複雑な立場におかれている」とし，里親や委託児童だけではなく実子にも影響することで，この家族間のずれはいろいろな場面に影響を与えると考えられる。イギリス政府が発出している里親の支援とトレーニングに関する書面にも，"Being aware of the impact of fostering on your sons and daughters and extended family" という項目があり，実子への影響と拡大家族について考える項目が含まれている（Department for Education, 2012）。

　実子の家族意識に関しての研究は確認できるだけで一つある。この研究では，実子は4つの家族の境界を持つことを明らかにしている（Heidbuurt, 2004）。

①委託児童すべてが家族であるとする境界線，②実子だけが隔離されていて家族と外部との間にいる，③実の家族だけが中心の核にいて，委託児童は二重の外側の円の内側にいる，④長期的な委託児童だけが家族にはいり，他の委託児童は二重の外側の円の内側にいる，の４点である。Heidbuurt（2004）は，里親家庭での生活にストレスを感じているか，ネガティブな感情を抱いているか，などの実子の意識によって家族の境界が異なることを明らかにしている。詳細な実子のインタビューの内容として，実子が家族の境界線について曖昧であることや家族との意見の相違はストレスと感じることを指摘し，多くの実子は両親の感情と実子の認識が不一致であることを明らかにしている。これは，実子の主観的な家族の範囲が実子の成長の過程に影響を与えていると考えられ，家族の境界だけではなくさらに詳細な調査が行われることを課題として挙げている。

２）きょうだいに関する研究

　一方で，きょうだいに関する研究はまだ多く行われていない。特に主観的なきょうだいの範囲に関してはほとんど明らかになっていない。吉原（2009）は高齢者のきょうだい関係と主観的幸福感についての関係を明らかにしているが，この中で「きょうだいとの関係は，幼少期から高齢期に至るまで長期にわたってのネットワークを構成する家族関係のひとつ」としている。

　きょうだい研究の少なさについての理由として白佐（2006）はきょうだい関係の軽視，研究の困難さ，間接的な影響の多さなどを挙げている。藤本（2009）はきょうだい研究をメンタルヘルスの観点から分析しているが，その中で，「今までともすれば置き去りにされてきた"きょうだい"という関係に目を向けてみた。」と述べている（藤本，2009：ii）。きょうだい研究は主にこれまできょうだい関係に焦点をあてたものがある（早川・依田，1983：依田，1990：磯崎，2006)。しかし，これまで子どもの発達には，母子関係，父子関係，夫婦関係の影響が大きく，その研究に家族と子どもという関係が特化され多くの研究がなされてきた。その中で，時にきょうだいはライバルとしての存在，支え合うことを期待された存在として，家庭の中で大きな意味を持つ関係であることは示されている（依田，1990）。依田（1990）は，きょうだい関係はきょうだいの数が増えるほど関係が複雑になることを明らかにしている。ま

た，きょうだいは親子関係の"タテ"の関係や友人の"ヨコ"の関係ではなく，"ナナメ"の関係であるとし，同胞葛藤などのきょうだい間の嫉妬心や競争心などがある一方で子どもの社会化にはきょうだい関係は非常に重要であることを述べている。

　国外においてステップファミリーの研究では，きょうだい関係への影響について行われた研究があるが（Elmore, 2004; Stewart, 2005），日本においてはステップファミリーの子どもの関係に着目した調査は一つのみである（桑田, 2003）。このように近年注目されつつあるステップファミリーの子ども同士の関係と里親家庭の子ども同士の関係には類似点があると捉えられることもできる。例えば，結婚する両者が子どもを連れて再婚する場合子ども同士が中途の関係になることや親がステップファミリーや里親になることを選んでいる点などである。しかし，夫婦関係と親子関係を同時に作り直す点や基本的にステップファミリーはどの子どもにも家族内に血のつながりがある親がいるという点において養子縁組や里親家庭と異なっていると茨木・吉本（2007）は述べている。

　国内外の里親に対して行った調査において，里親になる動機として，実子にきょうだいを得たいという項目や理由が挙げられている（Cole, 2005; 平田, 2005；日本グループホーム学会，2010；Hojer and Sebba, 2013）。これらの結果は，一部の里親が実子と委託児童をきょうだいのように育てたいという意識を持ち里親になることを選択し養育をはじめることを明らかにしている。また，Hojer and Nordenfors（2004）はスウェーデンにおける里親の実子の量的調査の中で，「里子を本当のきょうだいのように感じるか？」という質問を行っている。699人の回答のうち，47％が同意，37％はほぼ同意となっており，8割の実子が委託児童を本当のきょうだいと感じていると回答している。しかし，実子側の意識として山本（2013a）は11名の実子のインタビュー調査の中で，実子がきょうだいや家族に関する説明をすることに戸惑いを持つことを明らかにしている。その中で，「実子自身が考える家族やきょうだいの概念に加え，周囲の友達や地域の人がその里親家庭をどう捉えているかということも実子の家族やきょうだいの概念形成に影響を与えている。」と説明している（山本，2013a：74）。

本稿の第4章において後述するが，本研究において少数の実子の事例ではあるが，実子の持つ主観的なきょうだいの範囲について明らかにするとともに，田渕（1996）が指摘した「ある『一時点』における当事者の主観的世界」ではなく，その過程を明らかにすることも目的とする。先に述べたように里親や周囲の大人が求める血縁関係のない実子と里子の「きょうだい関係」について明らかにしていきたいと考える。

3）実子の家庭内の役割

実子と障害児・病児のきょうだいとの比較研究では，相違点はあるものの家庭内で実子や障害児・病児のきょうだいが親やともに住む子どもへのケア役割を担っていることなどの類似点も見られた（山本，2013b）。障害児・病児のきょうだいに関する研究は後述するが，その中で指摘された実子の役割は主に次の3点である。①里親をサポートする役割，②きょうだいとしての役割，③家族の役割調整をする役割，である。

1点目の里親のサポートには種類があり，両親の代わりに家事をしたり，両親が不在の時に委託児童の面倒を見たりする物理的サポートと親の相談相手になる精神的サポートの二面がある（山本，2013a）。安藤（2012）は里父へのインタビュー調査から，実子が単身赴任中の父親の役割を担っていることを明らかにしている。

2点目に，実子は両親や社会から委託児童のきょうだいとしての役割を期待される傾向が強い。きょうだいの役割とは，里親家庭で初めて生活をする委託児童に対し，地域や学校，また家庭内での行動の規範を示す役割を実子が担っていることも含まれている。Twigg and Swan（2007）は実子が委託児童の養育を引き受けることが多いことや委託児童に対応するために早熟でないと対応できないという面があると述べている。国外の実子の研究からきょうだい役割ということはほとんど書かれていないが，先に述べたように Thompson and McPherson（2011）は，委託児童と実子を「きょうだい」と捉えて論じている。

3点目に，Younes and Harp（2007）は実子には家族の役割調整をする役割があるとしている。Sutton and Stack（2012）は，実子に家庭内での役割を与えることは実子にとって非常に重要なこととして挙げている。しかし，Wilkes

（1974）は，実子にとって新しい家族の一員の追加は，新たに形成された家庭の中で自分の役割を再確立する必要性があると指摘し，子どもによっては困難を持つことも考えられると述べている。きょうだいにおいてもきょうだい自身と同胞の発達によっての役割の変化があるとされているが，里親家庭の実子は発達による変化に加え家族が加わったり減ったりすることによる変化があるということである。

　以上のように実子ときょうだいの境界や家庭内の役割については課題が挙げられながらも，曖昧な関係であることがわかる。障害児・病児のきょうだい研究の課題でも挙げられているように，成長発達の視点からも実子の理解を深めていくことも課題となる（山本，2013b）。実子と委託児童をきょうだいと捉える視点がありながら，これまでの研究では実子の詳細なきょうだいの境界に対しての内容は明らかになっていない。

第3節　喪失とその対応に関する研究

（1）実子の喪失感との関連

　本章の第2節で先述したように，国外の実子の研究で述べられてきた実子の喪失感は非常に大きな課題だと考えられている。ここではまず喪失に関しての基本的な先行研究の中から特に実子に関連した喪失について取り上げる。

　一般にグリーフケアとは死別した場合に多く使われるが，悲嘆にはいくつかの種類がある。大切な人の喪失，所有物の喪失，環境の喪失，役割の喪失，自尊心の喪失，身体の喪失，社会生活の安心・安全の喪失である（山本，2012）。また，坂口（2012）は小此木（1979）や森（1995）の種別を元に分類を5つにまとめている。5つとは「人物」「所有物」「環境」「身体の一部分」「目標や自己イメージ」の喪失である。実子に関するこれまでの研究から実子は里親家庭の中で，いくつかの喪失を繰り返すことが明らかになっている。それは，委託児童と所有物の共有やこれまでの家族の中の役割の喪失である（Wilkes, 1974; Höjer, 2007; Höjer and Nordenfors, 2004, 2006; Part, 1993; Pugh, 1996; Spears and Cross, 2003; Twigg, 1994, 1995）。また，家族環境が変化や委託児童の課題

行動が多い中での生活になると安心・安全な環境を喪失するとも考えられる。

人生において，人間は数多くの喪失を経験している。そしてそのたびに悲嘆を繰り返していく。悲嘆は非日常的なことではなく，一般的である。山本（2012：10）は「悲嘆と向き合うことは，自分自身と向き合うことでもある。悲嘆の過程を『喪の作業』ということもあるが，それは各人の生育歴を読み直す作業ともなる。」と述べている。そして，悲嘆が起こると新たな生活を立て直したり，人生の目的の修正をしたりするとしている。実子の調査や先行研究の結果とこれらのことを照らし合わせると，実子は里親家庭で生活する中で急激な家庭環境の変化に加え，きょうだいのような役割が増え，所有物や友人を共有し，課題行動に伴う安心・安全な環境を喪失するということが挙げられるのではないかと考える。その環境に適応し，自分自身と向き合い，悲嘆を回復するためにはどれほどの力が必要であるのだろうか。また，実子が子ども時代を成長していく中で自分自身と向き合い，喪失をどのように受け入れているのかということにこれまで焦点は当てられてこなかったと考えられる。

また，悲嘆の中の「公認されない悲嘆」はその人が悲嘆のさなかにあることを周囲に認められないような悲嘆をさす（Doka, 2008）。日本において里親家庭は社会からの認知が低いうえに，実子に対しての視点は日本においては非常に少ない。その中で，実子がたくさんの喪失を経験し悲嘆を繰り返しているならば，それは公認されない悲嘆となる可能性が高い。Doka（2008）の示す「認められない関係」に里親も含まれており，「排除された悲嘆者」という分類に幼い子どもも含まれている。このことから考えてみても，里親家庭の実子の悲嘆は社会から公認されにくいということがわかる。また，実子の喪失は主に死別ではない。公認されない悲嘆を明らかにした Doka は主に死別に対する悲嘆を述べており，死別ではない場合の実子の喪失は非常にわかりにくいことも挙げられるだろう。

里親家庭に委託される子どもたちは里親家庭に来るまでにさまざまな喪失体験を経験している。里親はそういった喪失体験を経験した子どもたちのケア＝グリーフケアを行う実践者であり，里親の家族もその一端を担っている。

（2）喪失と悲嘆に関する先行研究

　悲嘆や喪失に関する先行研究は国内外において幅広く行われてきているが，これらの研究は主に死別に関する研究が中心となっている。特に悲嘆（grief）に関しては，戦争や災害などによって近親者を亡くした研究を Lindemann（1944）が発表したことから今日まで発展してきた経緯がある。本研究における喪失や悲嘆に関してはあくまで死別に特化したものではなく，これまで述べてきた里親家庭の実子の先行研究から実子が経験するとされる喪失に関する内容を踏まえる形での先行研究である。そのため，基本的な喪失と悲嘆の定義と種別に関して述べる。

1）喪失に関する先行研究

　喪失（loss）とは「以前に所有していたものや，愛着を抱いていたものを奪われる，あるいは手放すこと」を意味する（Martin and Daka, 2000; 12）。日本において，喪失に関する研究は，小此木（1979）の研究から始まる。小此木は 1979 年に出版した本の中で対象喪失（object loss）という大切な対象との死別など，人生のさまざまな場面において遭遇する意識的・無意識的な喪失経験を表す包括的用語を使用した。

　小此木はこの本の中で，心の外にあるものの喪失を「外的対象喪失」し，心の中にあるものを「内的対象喪失」とし，2 つに分類している（小此木，1979）。Rando（1993）は有形なものの喪失である物質的喪失（physical loss）と無形の象徴的喪失である心理社会的喪失（psychosocial loss）に区別している。また，森（1995）は喪失を 5 群に分類している。そして，同じような喪失体験でも，人によって受け止め方は異なることも示されている（森，1995）。喪失は一つの出来事や変化に対して一つではなく複数の喪失が現れることもある。

　そして，強烈な，人生を揺るがすような対象喪失でなくても，軽いあるいは中程度のものが一度に幾つか重なれば，そのダメージは決して小さくなく，喪失体験が癒える前に次の喪失が起きればそれは強烈な対象喪失を体験するのに匹敵するとしている（森，1995：65）。また，一般的に良い出来事（就職・出産）とされることや変化にも喪失は伴っているということも挙げられている（Rando, 1993）。

２）悲嘆に関する先行研究

　悲嘆（grief）は「喪失に対するさまざまな心理的・身体的症状を含む，情動的（感情的）反応」と言われる（Stroebe and Stoebe, 1987: 7）。山本力（1996）は悲嘆を「悲しみ」という情緒的状態としての側面が強く，喪失に伴う情緒的反応が扱われ，複合的な感情を取り扱うと述べている。悲嘆にはいくつかの反応がある。Hansson and Stoebe（2007）は「通常の悲嘆」（normal grief）を明らかにし，死別によって誰しも経験しうる正常な反応を次の４つの種類に分けている（坂口，2012：27を引用）。

- 感情的反応：抑うつ・絶望・悲しみ・落胆・苦悩・不安・恐怖・罪悪感・罪責感・自責の念・怒り・いらだち・無快感・孤独感・あこがれ・切望・ショック・無感覚
- 認知的反応：個人を思うことへの没頭・抑圧・否認・自尊心の低下・自己非難・無力感・絶望感・非現実感・記憶力や集中力の低下
- 行動的反応：動揺・緊張・落ち着かない・疲労・過活動・探索行動・涙を流す・むせび泣く・泣き叫ぶ・社会的ひきこもり
- 生理的・身体的反応：食欲不振・睡眠障害・活力の喪失や消耗・身体愁訴・故人の症状に類似した身体愁訴・免疫機能や内分泌機能の変化・病気への罹りやすさ

　また，通常の悲嘆だけではなく，悲嘆の複合語として予期悲嘆（anticipatory grief）が挙げられている。この予期悲嘆とは，人の死が近いことを予期されるときに，実際の死別が起きる以前からその人の家族が特殊な心理状況に陥ることである（Lindemann, 1944）。

　一般的に，人が喪失に対して反応する中で多く経験するのが上記に示した「通常の悲嘆」とされているが，人によっては通常の悲嘆を経験しない場合がある。通常の悲嘆を経験しない要因として，Worden（1991=1993）は次の４つを挙げている。

- 関係性要因：喪失対象との関係が，アンビバレントな関係，自己愛的な関係，依存的な関係，等の場合は悲嘆の過程を複雑にしやすい。
- 状況的要因：戦争・事故・自殺・他殺などの特殊な状況での死別は複雑な悲

第 1 章　里親の実子とは何か——国内外研究の検討——　*31*

哀の過程となりやすい。
- 生活史要因：生活史において深刻な喪失を経験している人が繰り返し死別を体験すると，その悲哀は複雑なものになりやすい。
- 社会的要因：自殺や妊娠中絶など死が社会的に受容されにくい場合，悲哀の仕事を順調に遂行していくことが困難な傾向がある。

　その他にも，悲嘆の過程を左右する要因として Raphael（1983）の 6 種類や，Parks（1983=1993）の 4 種類があるが，これらを併せて山本力（1996：10-11）は 4 つの要因を強調している。

　　突然の予期しない死：予期しない死は死別という事実に直面する事が難しくなり，心的外傷による障害が残りやすい。
　　愛憎に彩られた，依存的な関係：相手に深く依存していながら，精神的な軋轢と愛憎（アンビバレント）に彩られていた場合，悲哀の過程で強い罪悪感や自己非難が伴いやすい。喪失を契機に，非難から自責への転換が生じる。
　　家族や周囲の有効な支えの欠如：死別の悲しみを受容され，孤独と無力感を癒す支えが必要な時に，周囲の支援がないと回復する手がかりがつかみにくい。
　　過去における未解決の喪失経験：子ども時代の喪失経験も以後の喪失による悲哀を複雑にしがちである。また，小さな内的喪失でも抑うつ症状や強い分離不安が発生しやすくなる。

　こうした，悲嘆の反応が長期化（半年から 1 年以上）する場合は，「複雑性（complicated）悲嘆」と呼ばれる（横山，2012）。その場合は心理学的ないし，精神医学的援助の対象とするとしている（横山，2012）。
　また，複雑性悲嘆に陥りやすい悲嘆として「公認されない悲嘆」がある。この「公認されない悲嘆」とは「悲嘆の文化的社会的側面の問題」としている（森，2012：169）。「公認されない悲嘆」を明らかにした Doka は「ある人が悲嘆反応を経験しているのにもかかわらず，悲嘆のさなかにある権利を持つことや，社会的に共感を得たり社会的なサポートを求めたりすることが社会的に認められないこと」としている（Doka, 2008）。Doka（2008）は公認されない悲嘆を 5 つ「認められない関係」「認められない喪失」「排除された悲嘆者」「死の状況」「悲嘆の表し方」に分類した。（参照：表 1-3）
　公認されない悲嘆は，文化的によっても大きく異なり，また時代とともに変

表1-3　公認されない悲嘆の分類

（Doka（2008）を元に坂口（2012）・森（2012）を参照し，筆者が作成）

認められない関係	恋人，同性愛のパートナー，友人，隣人，里親，同僚，姻族，継親・継子，不倫相手，親族以外の同居人，以前の配偶者や恋人，病院や介護施設の同室者など
認められない喪失	妊娠中絶や流産・死産，ペットの死，認知症の悪化による心理社会的喪失など
排除された悲嘆者	幼い子ども，（後期）高齢者，脳損傷の患者，認知症の高齢者，精神疾患者や知的障害者・発達障害者など
死の状況	自殺やエイズ，アルコール依存症による死など
悲嘆の表し方	それぞれの社会や文化における暗黙の規範から外れる場合

化していくと考えられている。例えばペットの死などは10年前と現在では取り上げられ方も大きく変化してきている。

3）子どもの喪失体験に関する研究

　子どもの死別体験や悲嘆は必ずしも大人と同じではない。先に挙げたように，死別だけではなく物や環境の喪失も子どもは多く経験していく。森（1995：38-40）は子どもの対象喪失の特徴として5つを挙げている。

- 子どもは幼ければ幼いほど生活全般にわたって保護を必要とするため，養育を担う愛情対象が目の前から消えると，強い対象喪失反応が起こりうる。
- 子どもは人生経験が少ないため，養育関係でなくても，身近な対象に対して強い愛着を示しやすく，それらを失う時も，対象喪失反応が起こりやすい。また，大人が気づかない，ほとんど感じないようなことであっても，子どもでは大変な対象喪失につながりうる。
- 子どもは人格が未熟で，対象喪失によって生じる悲哀感情をうまく処理できない。心の防衛機制が十分に獲得されていないために，些細な対象喪失に出会っても，自我がそれを抑圧や昇華といった高次の防衛機制を駆使して処理する事ができず，大人よりも精神的混乱に陥りやすい。
- 子どもはまだ知的な理解力や自覚する力に乏しいために，対象喪失を意識領域よりもはるかに無意識的領域で体験する。無意識的であればあるほど，それだけ症状形成との因果が不明瞭である。しかし心理的な加工が少なく単純であるので治療は容易なことがある。
- 子どもは言語力が乏しいために，体験を主観的に表出するよりも行動や身体で表出する方が優位であり，問題行動や心身症状となって現れる。仮に少し

年齢を重ねても，まだ少年期や思春期であれば，その衝動性の高さから対象喪失による心的世界を言語化する事がおぼつかず，その結果，様々な問題行動となって現れる。

としている。

Espie（2005）は子どもが大切な人と死別した際の反応として，a）思い・認知，b）感情面，c）身体面，d）行動面，e）社会面，f）スピリチュアル面の6つの領域を挙げている。

Worden（1996）は子どもの悲嘆の特徴として，怒り・不安・罪悪感が主であるということを明らかにしている。また，他の家族も失うことや自分にも同じようなことが起きることへの不安や恐怖もあるとしている。さらに，不安は男子よりも女子の方が強く，特に思春期以前に親の死を経験した女子の不安が強いことも述べている。

第4節　近接領域における研究との比較——ヤングケアラー，障害児・病児のきょうだいとの関連——

（1）ヤングケアラーの定義と調査

先述したように「18歳未満の児童としての立場」と「ケア役割を家庭内で担う立場」（山本，2013a：79）という実子と共通する立場を持ち生活している子どもに関する研究は近接領域において行われている。特に，ケア役割を家庭内で担う子どもとしての研究はヤングケアラー研究が行われている。ヤングケアラーはイギリスにおいて1988年に初めて在宅ケアを担う児童に関する調査が行われその存在が大きくなってきた経緯がある。その後，アメリカやオーストラリア，ニュージーランドなどでも調査が行われ始め，現在では多くの国々でヤングケアラーの存在が認められてきている。アメリカではyoung caregiverと呼ばれ，各国でも呼び名は異なっている。

ヤングケアラーを何と訳すかは訳者によって異なっている。柴崎（2005）もこの点に触れ，「ケア」＝「介護」あるいは「ケアラー」＝「家族介護者」とすることが適切とは言い切れないと述べている。したがってヤングケアラーも三富（2000；2008a；2008b；2010）が述べているような「在宅介護を担う児

童」や「児童介護者」とも言い切れない。本稿では，基本的にはヤングケアラーとし，直接引用部分はその著者の使用する言葉を使うが，基本的に澁谷（2012）が使っている「家族ケアを行う子ども」という訳を使用する。

　ヤングケアラーの定義は研究者や協会などによって異なっている。ベッカーは 2000 年の『社会福祉百科事典』の中で，

> 　家族メンバーのケアや援助，サポートを行っている（あるいは行うことになっている）18 歳以下の子ども。こうした子どもたちは，相当量のケアや重要なケアにいつも携わり，普通は大人がするとされているようなレベルの責任を引き受けている。ケアの受け手は親であることが多いが，時にはきょうだいや祖父母や親戚であることもある。そのようなケアの受け手は，障害や慢性の病気，精神的問題，ケアやサポートや監督が必要となる他の状況などを抱えている。
> (Becker, 2000: 378)

と定めている。しかし，Carers National Association（以下 CNA）（1995: 1）は 1995 年と 1998 年に次のような定義を行っている。「ケアを担う子どもとは，慢性の病気や障害を抱えて精神的な苦痛を覚え，もしくは薬物やアルコールの乱用あるいはエイズの感染を受けた人のケアに責任を負わなければならないことから，何らかの方法で生活を制限される 18 歳未満の子どもである。」と，ベッカー（2000）よりも広く包括的な定義であり比較的軽微な介護負担にある子どもたちも定義に含めようとしている（三富，2008b）。本研究でも，CNA の定義を用いることとする。

　ヤングケアラーの定義を見てみると，ベッカーの定義と CNA の定義は「いつも」という部分等で異なっていて，澁谷（2012）は，「重要な」，「かなりの量の」ケアを「いつも」行っていることが，お手伝いをよくする一般の子どもと分ける目安になっているとしている。

　主に，ヤングケアラーの調査はイギリスにおいて行われている。ヤングケアラーとしての存在を初めて意識化し調査に乗り始めたのは，1988 年に在宅ケアを担う児童に関する調査である。以後，調査対象の児童や地域が限定されながら，1995 年，1997 年，2003 年に全国規模の調査が行われた経緯がある（Dearden and Becker, 1998, 2002, 2004）。

近年，ヤングケアラーへの注目が高くなり，イギリスではヤングケアラーへの支援に乗り出している。2001年度のイギリスの国勢調査において，17万5千人もの人がヤングケアラーであるとされている。

2003年までの調査では，子どもが行っているケアの内容として，以下の大きく6つのカテゴリーに分類されている（Dearden and Becker, 2004）。

Ⅰ　家の中の家事（料理，掃除，洗濯，アイロンかけなどの家事）
Ⅱ　一般的なケア（薬を飲ませる，着替えの介助，移動介助などの看護タイプ）
Ⅲ　情緒面のサポート（ケアの受け手の感情状態の観察，監視すること，落ち込んでいる時に元気づけようとすることなど）
Ⅳ　身辺ケア（入浴介助やトイレ介助）
Ⅴ　弟や妹の世話
Ⅵ　その他（請求書の支払い，英語以外の言語を話す家族のための通訳，病院への付き添いなど）

三度の全国調査から，イギリスのヤングケアラーではいくつかの傾向が明らかになった。子どもたちがケアをしている相手は母親が大半であること，ひとり親家庭の場合にはその70％が母親であるということ，ケアを必要とする人の問題として，身体的な問題が50％，精神的問題が30％であること，支援サービスを使用する子どもの平均年齢は12歳であること，子どもが行うケアの内容として多いのが，家事と情緒的なサポートであること，子どもの年齢が上がるにつれケアの量が増え，ジェンダーの差が大きくなること（特に家事と身辺のケアは女子の方が男子よりも行う比率が高くなること）等が挙げられている。

日本においては，イギリスのように国全体でヤングケアラーがどのぐらいいるかの調査は行われていないが，一部の自治体においては小・中学校等の教員を通してのヤングケアラーの調査が行われ始めている（日本ケアラー連盟ヤングケアラープロジェクト，2015；2017）。南魚沼市と藤沢市の調査では，ともにケアの対象として母親ときょうだいへのケアが多く，ケアを担う子どもは女子の方が多いとの結果が出ている。このような調査以外の日本におけるヤングケアラーの調査では，三富（2000；2008a；2008b；2010），柴崎（2005），澁谷（2012），澁谷（2017）などがイギリスのヤングケアラーについて論じ，日

本のヤングケアラーの文献検討を青木（2016）が行っている。また，土屋（2006；2012），澁谷（2009；2012；2014），森田（2010），中津・廣田（2012；2013），北山・石倉（2015）において，日本におけるヤングケアラーの経験を調査している。

　土屋（2006）は筋萎縮性側索硬化症（ALS）の親をもつ子ども3家族4名のインタビュー調査を行い，ケア役割を経験した子どもがライフコース選択にそのケア役割が影響を与えていることや，女性がケア役割を担うことなどを明らかにしている。また，幼い頃から親の病気／障害とともに育つ子どもは親の状況や環境を「あたりまえ」としてとらえることを示唆している。土屋（2012）の研究では，6名の親の介助を経験した子どもへのインタビュー調査を行っている。親の介助を経験していたとしても，子どもが介助をすることに慣れていることだけでなく，介助を受ける親とともに生活をしている子どもは「障害を持たない身でありながらも，介助を受けることが身体化されている」と述べている（土屋，2012：70）。澁谷（2009）は聴覚障害者の耳の聞こえる子ども（CODA）に関しての著書の中で，CODA が親のケア役割を担っていること明らかにし，中津・廣田（2012）も CODA のケア役割の内容や子どもの成長に沿った，親子の認識の変容があることを指摘した。また，澁谷（2012）は3名のヤングケアリングの経験を持つ人と，持たない人の語りの研究を行い，「その中で同じ家庭の状況も，親の病気の展開や子どもの成長といった時間的経過の中で変わっている。」（澁谷，2012：13）と述べている。森田（2010）はメンタルヘルス問題をもつ人の家族への支援に関して，1名の女性のライフストーリー研究を行った。この研究の中で，友人関係などの社会交流の機会を制限されることや，スティグマを経験することなどが明らかにされている。北山・石倉（2015）は公立中学校の担任教員にアンケート調査を実施した。この中でひとり親家庭においてヤングケアラーとなる回答があることなどを明らかにしている。

　これらの日本のヤングケアラーに関する研究は主に親へのケアを担う子どもとして取り上げられているが，きょうだいのケアを担っているとされる障害児と病児のきょうだいは，一部の国においてヤングケアラーという概念の中に含まれている。子どもが他の子どもをケアという視点から見ると，障害児・病児

のきょうだいと里親家庭の実子との共通点があることが考えられる。共通点とは次の3点である。①きょうだいや委託児童と同じ養育者（親）に育てられているということ，②両親の注意や養育が委託児童や同胞に偏っていて実子やきょうだいには目が向けられにくいということ，③実子やきょうだいも同じ養育期にある子どもであること，である。以上のことから，次に障害児と病児のきょうだい研究に焦点を当て，実子との上記の3点以外の類似点を挙げる。

（2）障害児のきょうだいと実子の類似点

障害児のきょうだいに関する研究は，教育学や小児保健，心理学，社会福祉学などの分野で行われている。2000年以降に障害児のきょうだいに関する研究が増えてきており，書籍などでも取り上げられている（吉川，2008；遠矢，2009；白鳥ら，2010）。近年では障害の種別や年齢を限定している研究もみられる。

障害児のきょうだいの研究できょうだいに関して述べられていることは，まず両親の関心が障害児・者に集中し，きょうだいが親の注目を浴びにくいということである（山本ら，2000）。また，そういった障害児のきょうだいが気持ちを抑え込みやすいという点が挙げられていた。橘・島田（1998）や益満・江頭（2002）の研究によると，障害児のきょうだいは友人などに家庭内の悩みを相談することに抵抗感を持っていたり，「話したところで誰も分かってくれない」という意識を持つことがあったりするとしている。実子に関しても，中島（2011：126）は委託児童の環境や状況よりも実子自身が「自分の方が恵まれている」と感じ，我慢をしてしまうと述べられており，気持ちを抑え込みやすいことが考えられる。知的障害のきょうだいに関する研究で本研究と同様にTEMにより分析を行った調査では，きょうだいが親への配慮をしている指摘がされている（笠田，2014）。

きょうだいや実子は社会の反応に対しての戸惑いも見られる。柳澤（2005b）は自閉症児のきょうだいに関する調査で，きょうだいは障害児の行動や言動などに対しての社会からの目を気にし，戸惑うことを明らかにしている。柳澤（2005b：155）は「自閉症の同胞の行動や特性に対する理解の難しさは，同胞や自閉症について説明を行うことの難しさに繋がり，さらにはそれらがきょう

だいに様々な心理的負担をもたらしていく可能性がある。」と述べている。この点は実子にも共通している。例えば，社会が里親に対して抱いているイメージは，実子が抱く里親や家族やきょうだいに関する多様な意識に関係していることや，日本においての里親への関心や理解が低いため実子が里親制度の説明をする必要があり，その受け答えに戸惑いを感じることがあるとしている（山本，2013b）。

　障害児のきょうだいと実子の肯定的な面もいくつかの点で共通している。精神的に成熟することや責任感が強くなることである（橘・島田，1998；山本ら，2000；Watson and Jones, 2002; Younes and Harp, 2007）。原田・能智（2012）は同胞のケア役割をきょうだいが持つことによって，高い社会的能力を養っていることにつながるとしている。このように障害児のきょうだいや実子は同胞や委託児童との生活で否定的な側面だけを受け止めているわけではないことがわかる。

　障害児のきょうだいの役割として吉川（2002）は親の期待をきょうだいの分まで背負うことを明らかにしている。圓尾ら（2010）が行った軽度発達障害のきょうだいへの調査論文の中で，きょうだいが役割として担っていたのは，母親の精神的なサポートであると述べられている。また，山本ら（2000）も小学生になった「きょうだい」は親の負担を軽減するために家事を手伝うようになり，田倉（2008）は，きょうだいは小学生の頃には自分が障害児の面倒を見るといった，保護的役割の自覚を持つようになるとしている。田倉（2008）は，幼少期から学童期にかけては障害に対して漠然とした理解しかなく同胞の言動が理解できず怒りや不満を感じるが，中学生から高校生頃になると同胞の長所や成長を認識できるようになると述べ，発達段階に応じての意識の違いがあるとしている。戸田（2012）も発達段階の心理的特徴の把握の重要性を述べており，障害児のきょうだいの研究において発達段階による違いを明らかにすることが課題として挙げられている。この点において，きょうだいのライフコース選択のプロセスを明らかにした笠田（2014）は，きょうだいが同胞との関わりの中で職業選択を行っていることや，きょうだいの側を離れない選択をすることなどを明らかにしている。きょうだいのライフコース選択のキーパーソンであるのは親であることも明らかにし，親との関係が重要であることも指摘して

いる。

（3）病児のきょうだいと実子の類似点

　病児のきょうだいに関する研究は，障害児のきょうだいと共通する点もあり，障害児と病児のきょうだいを同じ研究で調査する場合もある（槙野・大嶋，2003）。障害と同じように疾患も種類は多様であることから，障害児を含まず病児のきょうだい独自の研究や疾患を限定した研究も進められている（早川，1997；戈木，2002；出野ら，2007）。病児のきょうだいの研究は看護学の分野が中心となっており，看護師や病院の職員との関わりの中での支援が行われるようになってきている。金（2010）は，きょうだいが担う家庭内役割として母親役割，母親サポート役割，同胞の代理としての役割，本来の役割の4つを挙げている。

　病児のきょうだい，特に小児がんなどの先天性ではなく後天性の急性に進行する疾患に限定された研究に関しては，病児が亡くなることによる喪失体験（黒木・津田，2006）やきょうだいがドナーとなることに関しての研究が行われている（田邉ら，2010）。

　小児がんのきょうだいに関する文献研究を行った佐藤・上別府（2009）は，子どもへの説明は「情報提供」と「情報共有」の2つの意味があり，正確な知識の獲得と理解は不安や恐怖の減少，家族との一体感を高め，孤独感を減少させることにつながるとしている。しかし，情報共有を行ったことで逆に不安になってしまうきょうだいがいるという研究もあり（新家・藤原，2007），これらを踏まえ古溝（2012）は病児をきょうだいにもつ子どもへの説明は，病児の病気のことなどを単に伝えることに重点を置くのではなく，子どもの精神・心理状況を見極めながら適切な時期に伝える必要性を示唆している。実子に関する研究にも情報提供の重要性を挙げた研究がある（Martin, 1993; Poland and Groze, 1993; Pugh, 1996; Younes and Harp, 2007）。このように，きょうだいや実子が委託児童や同胞に関する説明を十分に受けていなかったり，年齢によっての説明の難しさがあったりすることに関して類似していると考えられる。

　さらに，急性的な疾患の場合，家族が病児の対応に追われることからみても急激な家族内の生活や環境の変化が起きることも考えられる。金（2010：26）

は「きょうだいが急激な変化に対する家族構造や家庭環境の中でどのような状況に置かれ，現実に生活をおくっているのかに関する具体的な状況や実情が捉えきれていない。」と指摘している。里親家庭においても委託児童が委託されることで家族構造が急激に変化していると考えられるが，実子や他の委託児童の家庭状況や心理的な影響はほとんど明らかにされていない。

喪失体験の「死」と「離別」の違いは大きいが，実子は里親家庭に委託された子どもが委託解除された後に，会えなくなることは大いにありえ，国外の実子の研究では喪失に関することが大きく取り上げられている（Poland and Groze, 1993; Pugh, 1996; Watson and Jones, 2002）。また，病児のきょうだいの研究では同胞の疾患がきょうだいにもいつか発症するのではないかという同一視や，自らの死に対して恐怖を感じるきょうだいの状況が報告されている（Walker, 1988）。これは疾患の説明などが十分に理解できない年少のきょうだいに見られるとされている。実子は死への恐怖は持つことはほとんどないと考えられるが，同一視に関しては里親家庭の実子の研究でも指摘されている。Kaplan（1988）は年少の実子が自分も親がいなくなってしまうのではないかという不安を持つことがあるという研究結果を明らかにしている。

（4）近接領域の研究から得られた里親家庭の実子に関する研究課題

以上のように里親家庭の実子と障害児・病児を比較して論じてきたが，これまで述べてきた類似点と相違点について整理し，それにより明らかになった実子研究への課題を述べる。

実子と障害児・病児のきょうだいの類似点として主に以下の4点が挙げられる。①実子やきょうだいは委託児童や障害児・病児と同じ親（養育者）に育てられている養育期にある子どもであること，②責任感や思いやりの気持ちを持つこと等の肯定的側面，③両親の注意や養育が委託児童や障害児・病児に偏っていて実子やきょうだいには目が向けられにくいことや周囲への説明の困難さや心理的負担等の否定的側面，④親のサポートや委託児童や障害児・病児へのケア役割，家族内を調整するなどの求められる役割，が挙げられる。

一方で相違点は次の通りである。里親家庭に委託される委託児童の年齢は0歳〜18歳まで幅広い年齢層であるため，実子と委託児童はある程度成長して

からの中途の関係であることや委託児童の家庭復帰などで離別する可能性が高いということがまず挙げられる。さらに里親養育は里親が主体的に里親になることを選び、家族全体がケア役割を引き受けている点も相違点である。生まれた時からの関係ではなく高年齢になってからの委託もあるため、血縁関係のあるきょうだいとは異なる。Heidbuurt（2004）は実子への調査から実子が考える家族の境界線には4種類あり、それぞれ委託児童との関係によって異なることを明らかにした。実子は家族やきょうだいに関する境界が非常に不明確であり複雑になることが考えられる。

　里親家庭の実子は障害児・病児のきょうだいと同様に家庭内で多様な役割を担う。子どもが他の子どもや親をケアするということは一見思いやりや優しさという言葉として表されることがある。先述したように実際に先行研究からも実子やきょうだいの肯定的な面として、思いやりや責任感の強さを持つ傾向にあると挙げられていた。しかし、大瀧（2011）は障害児のきょうだいは年齢を重ねても役割の変化が起こしにくくきょうだいとしての役割取得の難しさや混乱があるとしている。成長過程の子どもが過度のケア役割を担うということは何らかの負担があるということも考えられる。この点について、戸田は発達段階の心理的特徴の把握の重要性を述べており、金も今後の課題として年齢ごとの役割を明らかにすることとしている。大瀧（2011）はきょうだいが自らの経験を肯定的・否定的に捉えるかは非常にアンビバレントなものであり、一言で障害児のきょうだいがすなわち支援の対象とならないとしながらも、きょうだいへの支援は必要でありその枠組み作りが求められているとしている。これらのことは実子にも共通する課題だと考えられる。

　これまで障害児・病児のきょうだい研究で行われてきた年齢によるケア役割や意識の違いは実子の研究でも注目すべき点であるといえる。それらを踏まえ、本研究では中途の養育が里親家庭で開始された際の実子の年齢による意識の違いを明らかにしていく。また、実子と委託児童の関係がきょうだい関係になり得るのかという問いも考えられ、Heidbuurt（2004）が示した家族の境界と関連付けて実子のきょうだいの境界に関して明らかにしていく。

第2章　里親家庭における里親の実子の意識

第1節　インタビュー調査の目的

　本章では日本において里親家庭で両親である里親や委託児童とともに生活する実子が里親家庭でどのような意識を持ち生活を送ってきたかを明らかにすることを目的とする。本章での意識とは「思考・感覚・感情・意志などを含む広く精神的・心的なものの総体。特に対象を認識する心の働き。主観。」(松村,2006：128)とし,実子の里親や委託児童への感情,里親制度への思考,家族意識やきょうだい意識など広く取り上げる。また,文中にて里親のもとに委託された児童を委託児童と明記するが一部のインタビューの語りや分析結果においては里子と明記する。また,実子の血縁関係にある兄弟姉妹はきょうだいとし,実子が委託児童を含めてきょうだいと語ったり考えたりする場合は「きょうだい」と記述する。本章では,実子は里親と血縁関係にある子とし,特別養子縁組や普通養子縁組の養子は含めないこととする。

第2節　調査方法——調査手順と分析方法——

(1) 調査協力者

　調査の対象は,調査を行った時点において20歳以上で,日本の里親のうち養育里親と専門里親の里親家庭で約1年以上継続して委託児童とともに生活をしたことのある里親の実子を対象とした。20歳以上としたのは,実子自身の言葉で語ることができる年齢と判断したことと,成人であるため保護者の了解を得なくても同意が取れるといったことから限定した。約1年以上継続して,としたのは,日本の里親養育の特徴でもある長期委託に限定し,一時保護委託やボランティアで夏休みや週末などを利用して児童を預かる里親を除くためで

ある。

　筆者の知人と，知人の里親から紹介していただいた実子に調査依頼を行い，この研究においての調査協力者（以下，「協力者」）は 11 名であった。協力者の属性に関しては次のとおりである。性別は男性 3 名，女性 8 名であり，委託児童と生活を開始した際の年齢は幼児前期（1 〜 3 歳）1 名，小学校低学年（1 年〜 3 年）4 名，小学校高学年（4 年〜 6 年）2 名，中学 1 名，20 代が 3 名であった。11 名中 9 名にきょうだいがいた。調査時点において，里親家庭での生活年数は約 1 年から 18 年であり，平均は 8 年となっている。ともに生活をした委託児童の人数は 1 名から 11 名で平均 5 名である。全協力者は委託児童よりも年齢が高く，ともに生活した委託児童の年齢差は最大 24 歳，最少で数カ月となっている。調査時において 2 名が里親家庭で，9 名は別の場所で生活を送っていた。

（2）調査手順と分析方法

　調査期間は 2010 年 6 月〜 2011 年 3 月までで，調査協力者に対して半構造化面接を行った。インタビューでは個人的な質問（年齢・職業など）をした後に，両親のもとに委託された子どもの人数などの基本的情報を聞いた上で，時系列に両親が里親になるときの説明の内容や里親家庭での生活で楽しかったこと，辛かったこと，里親制度に対する意識などを語ってもらった。インタビュー時間は平均約 1 時間だった。本研究は探索的な性質を持ち，他者との相互作用の変化があり，研究結果が実践的に活用されることが期待されるため修正版グラウンデッド・セオリー・アプローチ（以下，「M-GTA」）により分析を行った（木下，2003；木下，2007）。協力者の多様な個別性（実子の年齢・性別・委託児童の数・年齢差など）を詳細に記述する事例的な方法であると，里親家庭や個人が特定できてしまう可能性がある。そのため，問題を個人の事柄ではなく実子の共通の問題として取り上げることとする点においても M-GTA が適当な手法だと考えた。

　手続きとしては，協力者である実子に半構造化面接を行い，録音した音声データを文字化し，音声データを聞きながら繰り返し読み込んでいった。次に分析ワークシートに具体例のデータを書き込み，定義を設定し概念化し，理論的

メモに時期などを整理しカテゴリーを生成した。カテゴリー生成後にその関係図とストーリーラインの作成を行った。概念は全体で53個生成されたが本研究では2人以上の具体例によって生成された概念を関係図とストーリーラインに使用することとした。その結果，本研究の結果図で使用する概念は最終的に45の概念になった。また，概念を時期と相互作用によってまとめたものをカテゴリーとし，その結果14のカテゴリーを生成した。カテゴリーと概念によって実子が里親家庭で生活する中での意識を明らかにする。分析にあたっては随時指導教授のスーパービジョンを受けた。

　分析ワークシートの作成例として，1つの概念を次のページに提示する。一つひとつの概念ごとに，同様の分析ワークシートを作成し，その後関係図とストーリーラインを作成している。

（3）倫理的配慮と妥当性の確保

　この調査は「日本女子大学ヒトを対象とした実験研究に関する倫理審査委員会」の審査・承諾を受け実施した。面接に関しては筆者から協力者に直接面接を依頼し，承諾した方のみ行った。また，面接にあたっては語りたくない質問には答えなくて良いこと，プライバシーを厳守したうえで面接の記録を発表や論文等に使用することを十分に説明した。説明した後に協力者に書面で内容確認のサインをいただいている。面接場所は，面接内容が外部に漏れないようプライバシーが保証される個室を選び，協力者に了解を取った上で行った。

　インタビュー内容を録音したICレコーダーは筆者のみが使用し，自宅などでは鍵のかかる場所に保管した。また，本研究は個人が特定されやすいため，名前だけではなく地域・年齢・性別などのデータの取り扱いには十分注意した上で文字化し分析を行った。

　質的研究法において，妥当性の確保が重要となる。そのため，分析過程において指導教授との面接に加え，質的研究法において論文の分析・研究を行っていた同領域の学生数名と定期的に研究会を行い，分析における妥当性があるかどうかを検討していった。最終的に，インタビューに応じてくださった協力者全員にストーリーライン，図，文中で使用する口語文を提示し，プライバシーの保護が行われているかどうかやストーリーライン，図が理解できるかどうか

第2章　里親家庭における里親の実子の意識　45

表2-1　分析ワークシートの1事例

概念	親のサポートをする実子
定義	親が里親をすることでの実子がサポートする記述。
具体例	そのやっぱり実子は親代わりなところがあって他の子に対する教育方針とか「もっとこうしなきゃいけないんじゃないの？」みたいな親とのぶつかりとかはあったかな。(A71) こちらのサポートがないと，両親も仕事をうまくやれないし，(J30) あっちこっち連れて行ってあげたし，どっちかっていうと，里子は楽しかったと思うよ。私が親ができない分，いろんなところ連れて行ってあげたし，(F75) 車に乗せてあっち連れて行くこっち連れて行くだったり。そういう面で私がフォローしてたから，(F77) うちの両親は宿題なんかやってるんじゃない！今は手伝いの時間でしょう。っていう人なんです。だから家事・手伝いをすごい重視するというか，っていう人なんですけど，きょうだいが増えると家族が増えるじゃないですか，そしたら手伝いも増えるんですよ。洗濯物をたたむのなんか毎日こんなの（手を大きく広げる）取り込んで，たたんでってそれが大変だったかな。(H98) うーん。結局，どちらも働いているので，たまたま，泊りがけでいなくなったりしたときに私が全部ちゃんとするし，で，そのようなこともあったし，あの，なんていうのかな，まぁクッションみたいな感じになる時もあるし，(C61) あとはその子どもに対する愚痴が全部自分に回ってくるので。(A72) 何べん相談受けても子どものことしか言わないってわかってるのにね。なんであんなに電話してきたんだろうね。(G56)
理論的メモ	・成長すればするほど，親代わりになって里子に関わる実子の姿がある。 ・親が高齢であったりすると更に増える。ファミリーホームの補助者的役割。 ・ここに大きな負担があればあるほど，実子は不満を持ちやすいのではないか？ ・「きょうだい」なのか？「親のサポートなのか？」立ち位置が年齢とともに変化し，混乱する結果になるのではないか。 ・愚痴を聞くのもサポートである。普通里親サロンなどで話される内容を実子が受け入れているということなのか？

を確認していただき，結果に理解を得られた。本研究の内容について協力者全員に結果を提示し了解を得た。

第3節　結果——意識の変容過程の結果——

（1）意識の変容過程の結果

　文章中の〈　〉内はカテゴリー，下線部は概念，である。インタビューの語りは【　】において，また協力者と里親など第三者との会話は『　』で表示する。協力者の語りはそのまま引用するように努めているが，わかりにくい部分は《　》内に言葉を補い，語りや文献の引用を省略する場合は《中略》として明記している。また，協力者が委託児童の名前について語った箇所は○を使用し，年齢は一部変更している。

（2）ストーリーライン

　里親家庭の実子は里親登録や里子が委託される前に児童相談所からの説明がない状況と受け止めることがあり，簡単に親からの里親登録や委託についての説明を受ける。また実子の了解を得ないで開始する委託もあり，実子は里親制度の〈意思決定からの排除〉をされたまま里親家庭での生活を始める。

　委託当初，実子は里子が委託されることを「きょうだい」ができる感覚として受け止めようとする。幼少期から里親家庭で生活したり，里親をすることに十分に納得していたりする場合は，里親は普通のことと捉え，里親制度や里子を〈受け入れようとする感情〉を抱き生活を送る。家庭外の生活では社会が里親を特別視する姿を見聞きし，〈特別視する社会の反応〉に触れる。その経験の中で家族構成を説明することへの戸惑い，きょうだいについて説明することへの戸惑いと，人や状況によって変化する里親について説明する手間を感じ，状況に応じて家族，きょうだいの範囲や里親について説明しても大丈夫な人かどうか〈揺らぐ境界線〉を実子自身が考え状況によって判断する。

　実子は里親家庭で過ごす中で里子と生活する喜び，里子への感謝，里子の可愛さを実感し〈里親家庭の肯定感〉を持つ。その一方で高年齢児の里子の難しさ，障害児の受け入れ，里子の行動への驚きを通して親の苦労の認識をし，里親家庭の〈混乱する状況の把握〉を行っている。

　ともに生活を送るにつれ〈家庭内の役割期待〉として，親をサポートする実

子や里子を気づかう実子の役割を担う。それと同時に，里子が増えることへの抵抗感，里子を受け入れる困難，里親養育に労力をかける親を心配する辛い気持ちを持ちながらも，里子を思いやることでの我慢や親への諦め，親の夢への妥協，親に対する不満という〈実子であることの葛藤〉を持ちながら成長していく。実子は社会において里親を称賛する言葉への複雑な気持ちを持ち，また一方で里親家庭の理解を得られない困難や里親家庭と里親に対する社会との認識の食い違う辛さを経験していた。それは実子にとって〈社会認識とのギャップ〉を感じることである。

　実子は里親家庭で生活する辛さを持ち，時には自分の家を安心できない家庭と感じ，さらに辛い経験が重なると過去の思い出せない生活があることに気づく。それは実子にとって〈家庭生活の揺らぎ〉の中で生活することである。

　そうした経験の際に家庭ではきょうだいの支えや親の気づかいを認識する。社会においては家庭をよく知る友人や知人の理解や親戚の理解があり〈周囲の理解〉が実子を支えている。また，進学や就職などで里親家庭から独立し別居がもたらす距離や成人してからの委託によって里親制度や里親家庭について〈捉え方の変化〉が生じる。

　実子は別居後のもどかしさや児童相談所への不満，里親家庭で生活する利点のなさを感じながらも，今後の実子の支援の必要性や実子について里親への情報提供など，里親制度に対する要望を持って〈生活の振り返り〉をしている。里親家庭の生活で得られたものは実子の現在の立場への影響を与え，実子は〈人生の意味づけ〉を行っている。（図 2-1　実子の意識の変化）

（3）カテゴリーごとの説明
1）〈意思決定からの排除〉
　実子の両親が里親になろうとする際に，実子は親からの里親登録や委託についての説明を受ける。児童の委託の際に実子の年齢が小学生以下だった場合のほとんどが，里親登録をする前ではなく児童が委託される際に説明を受けることが多い。【両親から『弟ができる。できたら嬉しい？』とか『弟ができてもいい？』っていう風に聞かれて『実は 2 歳の子なんだけど，うちにいて暮らすかもしれないんだ。それはどう思う？』って聞かれて……】と語っている。ま

48

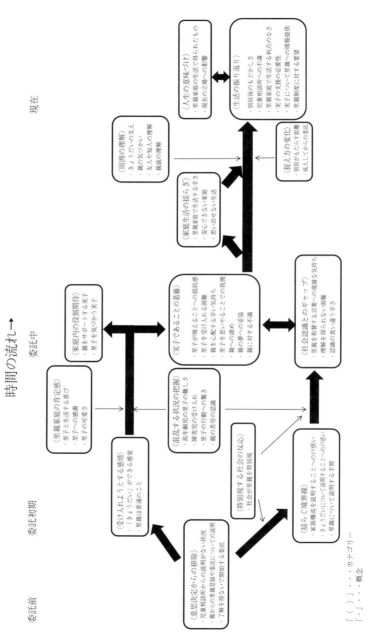

図2-1 実子の意識の変化

た，相談をしても実子が反対したまま了解を得ないで開始する委託を行っていることもあった。里親認定の際には家族の同意は必要であるが，実子の年齢が小さいなどの状況にもより同意の取り方や実子への説明方法は詳細に定まってはいない。そのため，実子が児童相談所からの説明がない状況と捉えることがある。【児童相談所の人とは話したことがない。児相《の職員》と会話したことがない。】というように，児童相談所の職員と会って話をする機会も実子には与えられていない場合がある。

2）〈受け入れようとする感情〉

両親が里親になり児童が委託される時に実子は両親から兄弟姉妹ができるというように説明を受けていることもあり，「きょうだい」ができる感覚として委託児童を受け入れようとする。《里子が》来られたら来られたで自分が姉らしく振舞わなければいけないって言うところもあって。】と語り，委託児童に対し「きょうだい」としての意識を持って委託を開始していた。

また，普通のこととして両親が行っている里親養育に対して理解を持つこともあった。実子自身が小さく里親ということが理解できない時から委託を開始していた実子は，【気づいたらやってる。それが当然みたいな。特に，小さいころからいたからそれが普通すぎて特に疑問に思う事がなかった。】と語った。

3）〈特別視する社会の反応〉

インタビューをした全ての実子が知人や友人に両親が里親をしていると伝えることで社会において同じような反応が返ってくると語っている。【まぁ，『すごいね』とか『偉いね』とか。それ以外言いようがないよね。きっと他の人たちはね。】この語りから社会では里親をすることは特別なことと見なしており，特別の中でも里親は素晴らしいこととされ，称賛されることがほとんどであることが理解できる。このような社会での反応は，普通のこととして里親を受け入れている実子にとって自分の家で里親養育を行っていることが特別であると後から感じることでもある。社会からの里親の印象は実子が持つ里親家庭への意識を変えていくことにつながっていくことも考えられる。

4）〈揺らぐ境界線〉

〈特別視する社会の反応〉は実子に家族やきょうだいについての説明，里親に関する説明を人によって変えていくことのきっかけでもある。一般的に学校

などで聞かれる質問として，家族構成やきょうだい構成に関するものは非常に多く存在する。そのような問いに対する実子の答えとして次のような語りがあった。【家族は何人？】って聞かれると，一度『……えっと』っていうかな。】また，他の実子はきょうだいの説明を【つい最近もあったんですけど，あのー『きょうだいお姉さんだけ？』って言われたんで，『とりあえずはお姉さんだけ（笑）』って。『そのとりあえずはなんだ？』っていう話から，たまたまね，『あのーあの里子としてうちの両親があの，ずっと一緒に育った子がいて，一応10も違うけど，一応妹なんだよ。』っていう話をして，するんですよ。】と答え，これらの語りから実子の戸惑いがみられた。実子の誰が家族・きょうだいであるかという問いに対する答えは，家庭の状況や友人関係，また実子が委託児童を「きょうだい」として受け入れられるかどうかによっても変化する。また，委託児童の人数が多い場合や，委託児童の入れ替わりが多いほど複雑になってくると考えられる。実子自身が考える家族やきょうだいの概念に加え，周囲の友達や地域の人がその里親家庭をどう捉えているかということも実子の家族やきょうだいの概念形成に影響を与えている。

　次に実子は<u>里親について説明する手間</u>も経験することになる。日本においての里親への関心や理解が低いため実子が里親制度の説明をする必要がある機会は多いと考えられる。実子は里親について説明する相手が信頼できないと判断した場合に里親の詳細な説明を避けるなど，説明する内容や範囲，相手やその時の家庭の状況に応じて変えていく。そして，どこでその境界線を引くかを実子自身が決定し実行することになる。

5）〈里親家庭の肯定感〉

　委託児童と生活をするようになると実子は<u>里子と生活する喜び</u>を感じる。同じ家庭で生活をしていて一緒に時間を過ごし，その時間が楽しいものであったりすることは実子が委託児童や里親家庭を肯定していくことにもつながる。また，乳児で委託された<u>里子の可愛さ</u>を表した語りにも同じように肯定的な面が見られた。【来てみちゃえばね，０歳の子がくるから可愛いじゃないですか。可愛いね，可愛いねっていって。】この語りからは，児童が委託される前にどういった子が来るのかという不安も見えるが，乳児は実子にとっても非常に受け入れやすい年齢だということがわかる。また，【妹《里子》が来てくれてあ

りがとうっていう感じもあって】という語りがあるように，実子が委託児童への感謝の気持ちを持つこともある。

6）〈混乱する状況の把握〉

委託された児童の年齢や発達，それまでの背景などによって大きく変わってくることであるが，里親家庭の中で起きる多様な出来事を実子は次のように捉えていく。

高年齢児の里子の難しさでは，【やっぱり大きい子が来ると，お家の，小っちゃい子とはまた違って，お家の雰囲気ってガラッと変わるし，人間関係とか変わっちゃうし，すごいピリピリした雰囲気になっちゃうんですね】と語り，高年齢児が委託された際の家庭内の様子を表している。

また，年々里親委託される障害児の割合は大きくなっているため，障害児の受け入れをしている里親も増えていると考えられる。本研究の協力者も【軽度の知的障害だったので，コミュニケーションには支障はなかったけど，だからこそ家族の言ったことがなかなか入って行かないのにイライラした。】と障害を持つ委託児童について語っていた。

また，家庭や学校における委託児童の行動に実子は驚かされていた。【○○が来て割とまだ幼いころだったんですけど，食事の時に何かが気に入らなくて，ここにあったコロッケをバーンって投げたんですけど，そっから，はぁ，こうかっていう感じ，そこで覚悟をした感じなんですけど。】と語った。委託児童には里親にとって対応の難しい行動をする時期があり，委託児童のそれまでの背景や虐待の有無，障害の有無，気質，委託された年齢などによって行動や時期はさまざまである。しかし，実子にとって「弟ができる」などの説明だけを受けた後にこういった行動が起こると非常に驚くこともある。委託児童の行動とそれに対応する里親である両親との関わりを実子は同じ家庭の中で見聞きし，時にはその関係に巻き込まれている。

7）〈家庭内の役割期待〉

実子が成長しある程度身の回りのことができるようになると，親をサポートする実子の役割を期待されることが増えていく。実子の役割にはいくつかの種類があると考える。一点目は両親の代わりに家事をしたり，両親が不在の時に委託児童の面倒を見たりする物理的なサポートである。また，二点目としては

里親の精神的なサポートである。【あとはその子どもに対する愚痴が全部自分に回ってくるので。】との語りにあるように，里親である両親から委託児童に関しての話し相手になることがわかった。物理的・精神的なサポートをまとめて，【あの，なんていうのかな，まぁクッションみたいな感じ】と語っている実子もいた。また，一方で委託児童に対しても，実親との関係や18歳以後の生活の場など気づかったり心配したりする語りが見られた。

8）〈実子であることの葛藤〉

　役割期待を持つことと里親家庭の混乱する状況，また社会での里親家庭に対する意識によって，実子は葛藤を抱き始める。里子が増えることへの抵抗感としての語りには次のような語りがあった。【《4番目に預かった》その子の対応に母親が苦労しているのを見て，あの，なんだろう，その次に預かるっていうのには少し抵抗はありましたね。】実子が抵抗を持つようになるのは，委託児童の人数だけではなく，【母親が苦労しているのを見て】という，里親である両親と委託児童の関係も大きく影響している。

　また，その抵抗感は里子を受け入れる困難とも関係する。特に，高年齢での委託や課題を多く抱えた委託児童への対応に関するものがある。【自分と同等の年齢の子がポンと来ちゃって，で仲良くっていう風に言われてもなかなか理解するのは難しい。】という語りにあるように，ある程度成長した同等の年齢の委託児童に対して実子が抱く感情はさまざまである。それは同時に，委託児童においても実子や里親家庭に対して抱く感情は年齢が高くなるほど複雑になっていくことが考えられる。

　しかし，受け入れる困難を抱えながらも実子は里子を思いやることでの我慢もしている。【今ここで自分がギブアップしたら，親は意見をくみ取ってくれる，そしたら，子どもたち《里子》がどこに行っちゃうんだろうっていう思いもあったり。】とし，実子が困難な状況でも両親に対して里親を辞めてほしいと言えない葛藤がある。それは，日本の社会的養護の状況や委託児童のこれまでの背景，家庭生活の大切さなどを実子が理解しており，「預かった子どもの厳しい状況に比べたら，自分は恵まれている」と理解し，「暮らしに不満があっても，ぎりぎりまで我慢してしまう」（中島，2011：126）ということである。実子は，委託児童が増えることで家庭内が変化を強いられ，また受け入れられ

ない困難を抱えながらも委託児童の状況を理解し我慢してしまうことある。

また，実子は委託児童との関係だけではなく，両親である里親への理解もしようとしている。委託児童の養育を懸命に行っている親を心配する辛い気持ちを抱くことも多い。【あとはやっぱりね，両親が苦しんでる姿を見るのがやっぱり辛かった。】委託児童の養育の過程で悩んだり苦しんだりする両親の姿を見ることは実子にとって辛い経験となる。

両親に対しての心配をする一方で，実子は【親の人生に口出しすることに対して，ちょっと抵抗があった。】という親の夢への妥協をしている。実子は同じ里親家庭内で生活をしていても，里親養育は親の夢を叶えることと捉え，実子の気持ちを伝えることを躊躇うこともあった。また，妥協すると同時に次のような親への諦めの気持ちを持つこともある。【結局，なんかもう二人で《里子を預かることを》決めるんでしょってみたいで，結局こっちにはなんかこう，何にも言えることないなーっていうので，仕方がないのと，なんかいやだなーっていうのと。】里親養育は親の要望がほとんどであり，実子自身が決定したことではない。また，一番初めの委託だけではなく，多人数の養育など委託児童が増えることに関しても実子は慣れているのではなく諦めや妥協する意識を持つ可能性もある。実子が諦めるということは里親家庭で生活することを受け入れているとは言えない。

さらに，そういった諦めは親に対する不満となることもあった。【実子だからないがしろにされている部分っていっぱいあると思う。なんかやって当たり前みたいな，私の子なんだからわかるでしょみたいな。おかしいでしょ，それって。違う人格なんだからさ。】実子であるからという理由で親の考えが理解できるということではない。このような実子の感情に対して配慮していくことは里親養育の中で求められることだと考えられる。

9）〈社会認識とのギャップ〉

里親家庭で実子が葛藤を抱えている一方で，学校や地域などでは里親を特別視する言葉を繰り返し聞くことになる。実子は家庭で起きた出来事や自分の気持ちに対し里親を称賛する言葉への複雑な気持ちを持つことがある。【別に素晴らしいってか，母自身が立派で偉いところっていうのはもちろん家族としてわかっているけれど，みんなが思うほど単純に偉いとか立派だっていうことは

ないっていうことなんだよね。】この語りからあるように，実子にとって里親
である両親が称賛されることを全て受け入れられないこともある。

　他方で，実子が本音を話すことを周りからの理解を得られない困難も抱える。
【でも，みんなは『あんなに素晴らしい人を素晴らしいと思えないあなたはど
うなんでしょうね』っていうご意見をいただいたりして，あーこういう人たち
には理解できないんだろうなーって思って，話しても無駄だなって言う部分
はちょっとあって。】この語りは，実子が両親である里親や里親家庭に関する
話をした際に，周囲の人から実子が語ったことを否定されたという語りである。
また，他の実子は【あんまり家のことっていうのは言えなくて，多分，周りか
ら『良いことしてるね。』とか『素晴らしいね。』って言われることで他には言
えないんだという想いがあったのは確か。】と語った。これらの語りから，実
子が里親家庭について周囲の理解を得られない困難を抱えているということが
わかる。

　また，里親と養子縁組の違いを社会が認識していなかったり，一般的な家庭
の状況に合わせた家庭の見方をされたりすると，認識の食い違う辛さを経験し
ていた。【説明をしないと勝手に誤解されるのがすごい嫌で，例えば，『一番下
の子は何歳？』って聞かれて『まだ小学生なんだ』っていうと『ご両親頑張っ
たね』って言われるのがすごく嫌で。】この語りは，委託児童を両親の実子と
して認識され，委託児童の人数が多かったり年齢差が大きかったりすることに
よって誤解されることへの辛さを表している。社会では，委託児童と実子の関
係を「きょうだい」と認識していることが多く，説明しなければ大きな誤解を
生じることになる。認識の食い違いは，どの年代の実子に対しても説明をせざ
るをえない状況を生み出す。実子の年齢が低ければ，その説明は難しく対応も
負担となる可能性がある。

10）〈家庭生活の揺らぎ〉

　〈実子であることの葛藤〉や〈社会認識とのギャップ〉が多ければ多いほど，
実子は〈家庭生活の揺らぎ〉の中で生活することになる。実子は【ずっとその
場にいなくちゃいけないのはすごい大変。なんかちょっとこう，逃げ場がない
ですよね。】と里親家庭での生活の辛さを語った。櫻井（2011：149）は「委託
児童という新しいメンバーの出現により『里親家庭内のダイナミックス』が変

第2章　里親家庭における里親の実子の意識　55

化することで生じる家族関係の揺れ《省略》子どもや他の家族への不満を感じ
たり，無力感にさいなまれたり，とくには孤立感を強めたりすることもある。」
と述べている。実子は委託児童が委託された当初だけではなく，実子のアイデ
ンティティを確立していく思春期や青年期になるにつれて葛藤が増えることが
考えられる。

　また，実子は里親家庭を安心できない家庭と感じることもある。【その自分
の家が安全な場所じゃなくなるっていう感覚になったときにはもう限界だって
思ったことはあります。】一人ひとりにとっての安心感は異なるが，里親家庭
には緊張した空気が流れることがあるということをこの語りが表している。そ
の安心できない家庭と感じることが，さらに実子の生活に影響を及ぼし，辛い
経験により過去の家庭生活を思い出せないこともある。【端々の断片的な記憶
はあっても，家族旅行の記憶とか全然覚えてない。断片的な記憶はあるけど，
たとえば日常で朝ごはんを一緒に食べたとか，学校どうだったとかは記憶にな
い。】数名の実子は里親家庭の記憶が一部思い出せないと語っていた。里親家
庭で生活していたことが記憶をなくしてしまうことにつながるかどうかの検討
は行えていないが，今後さらに里親家庭で生活することとの関係などを研究し
ていく必要があると考える。

11）〈周囲の理解〉

　実子にとって自分の立場の理解してもらうことは非常に重要なことである。
家庭内では実子のきょうだいや里親である両親からの理解があると考えられる。
【きょうだいとはいつも話してましたね。あの，そう車で出かけてそのひたす
らドライブ，その何も目的もなくドライブして，その間になんか話したり】と
いうように，きょうだいがいる実子は相談相手としてきょうだいを挙げること
が多くあった。また，きょうだい以外の支えとして家族内では里親である実親
を挙げた実子もいた。【両親も私がいなかったらきっとうまくそのあの里子と
はうまくできなかっただろうって思ってるんですね。《中略》そういうことを
よく言ってくれましたね。うちの両親は。『《あなたが》いたからね，《里子が》
結婚するまでうちにいれた』みたいなねことを言ってくれた。】実子の両親が
実子への感謝を伝えること，また実子もその言葉を親の気づかいとして受け止
めていたということが，実子にとって支えとなっていた。

また一方で，家庭外での理解は次のようなものがある。【たまたまうちは，ご近所の方が受け入れてくださっているし，孫と同じようにお年玉を里子にくれるっていうあの，環境にあったんですよ。だからこそ，こちらも「きょうだい」だって思いましたし，周りの大人の扱いが自分たちと一緒だったから「きょうだい」だって受け入れられたって思いますし，なんでしょう，差別がなかったんですよ。周りがとても。】この語りから地域において里親家庭が受け入れられることの重要性を示している。また，親戚の理解があったとする実子もいた。ともに生活をしていなくても，家族の状況を知っている親戚や地域の理解は里親や委託児童，そして実子にとっても重要であると考えられる。

12）〈捉え方の変化〉

　実子が成長すると，進学や結婚，就職などで里親家庭から独立し別居することになる。【家を出たから一歩引いて見られるようになって関係も改善されました。】と語っているように，別居は実子が里親家庭を客観的に捉えられるきっかけになる。里親家庭から独立した実子の多くが，里親や委託児童との関係が楽になったという語りがあった。

　成人してからの委託では，年が離れていることによって里親家庭を客観的に見ることができるという語りがあった。【変に年齢が遠かったから「きょうだい」なのにとか言われることもないし，その辺はね，もしかしたらね，楽なのかも。楽だったのかも。】委託児童と実子の年齢が離れていると学校生活などの時間や場所を共有しない。社会からの特別視はあるものの，実子自身も里親制度内容の理解はしやすいことや周りの友人知人も成人が多くなるため理解は得やすいことによると考えられる。

13）〈生活の振り返り〉

　実子が成人する前後に別居を経験し〈捉え方の変化〉を経験する一方で，別居後のもどかしさを感じることもある。【一緒に住んでいる時の方が気楽なもんだよ。《中略》だって，目の前で起きていることがちゃんと把握できるし自分で行動起こせるし。でも，離れてたら助けたくても助けられないしね。】別居後も，里親家庭の状況を理解している実子は親からの相談相手となることがあるが，すぐに対応ができないもどかしさを持っていた。

　また，実子は里親制度や社会の状況を理解できるようになると，委託児童の

措置権を持つ児童相談所への不満を抱くことがある。【なんで一緒にやってくれなかったんだろう，児童相談所の人はとか。もっと情報がほしかったし，もっと積極的にかかわってほしかったなっていうのはあります。】自治体や児童福祉司によっても対応の違いがあるが，情報開示や関わりが少ないとする実子の語りもみられた。

　そうした生活を送ることについて実子が里親家庭で生活することに利点がないと感じることがあった。ほとんどの場合，両親が里親をすることは実子が望んで始めたことではない。委託児童が里親家庭で生活ができて良かったと思えることと同じように，実子も両親が里親になり委託児童とともに生活ができて良かったと思えることは，委託児童と実子が育つ上で重要なことである。

　実子は里親家庭の肯定感を持ち葛藤を少なくするための方法として次のように述べている。【やっぱり実子の集まりがあったら良かったなと思うよね。】この語りは，同じ立場である他の里親家庭の実子との交流における支援の可能性を語っている。本研究の協力者のほとんどが，他の家庭の実子に会って里親家庭について話したことがなかったと語っている。また，他の支援内容として【里親さんだけでは難しいと思うからね，何らかの支援が。《中略》やっぱり第三者的なね。あるいはロールモデル的な存在からちゃんと言ってもらえるような，そういうなんかがあれば。】といった第三者の支援の語りもあった。

　また，里親へ実子についての情報提供の必要性も語っている。【やっぱり《実子が》そうなってしまう可能性があるよっていうことを知識としてでも両親が知っていれば，それを当てはめることができたのかなって。それはその防げたかどうかは別問題ですけど，だけど，理解しやすかったんじゃないのかなって。】実子がどういう思いを持ちやすいのかを知っていれば，里親が実子の気持ちを理解し対応できやすくなるということは非常に重要なことである。

　実子は支援だけではなく，里親制度に対する要望も持っている。【もうちょっと世間にあの，もうちょっと理解してほしいかなって。《中略》そこまで《里親を》やんなくていいからある程度知ってほしいなって。】実子は社会全体に委託児童の行動や里親制度の背景を理解してほしいと願っていた。

14）〈人生の意味づけ〉

　里親家庭での生活を経験した実子は，里親家庭の生活で得られたものとして

次のように語った。【世の中にはいろんな立場の人がいて，実際こういうふう
に困っている子どもがいてちゃんと親元で教育されない子がこんなに多いんだ
っていうことがすごいわかった。わかったっていうか教えてもらった。】他の
語りにも【視野が広くなった。】や【多くのことを考えることができた。】とい
う肯定的なものがあった。国外の研究でも，実子が得たものとして肯定的な経
験があるとしている（Thompson and McPherson, 2011）。このような経験は，
実子が職業を選択するときや子育てをする際など生きていく上で非常に大きな
影響があると考えられる。本研究においても，調査時の実子の立場は里親家庭
で育ってきたさまざまな意識が大きく関係していた。

第 4 節　本章のまとめ──２つの立場を持つ実子──

　本研究の結果から，実子は里親である両親の養育や委託児童の措置の状況に
よって里親家庭の変化を経験し，それらの経験によって実子の意識も大きく変
化することが明らかになった。里親家庭の変化には大きく二つの特徴がある。
　一つ目は実子が委託児童の委託後生まれた場合を除き，実子と委託児童はお
互いに中途の関係になるということである。お互いにそれぞれともに生活する
までの時を別々の場所で過ごし，異なる養育者によって育てられている。それ
は，一般的な家で下のきょうだいが生まれて始まる関係とは異なっている。
　二つ目は，里親委託には委託児童の複数の委託や措置変更の可能性，自立に
よる措置解除があるため，里親家庭の構成員の変化が考えられる。構成員の変
化は，家族やきょうだいの境界にも変化を与え，里親や委託児童だけではなく
実子にも大きな影響を与える。
　このように多様な家庭内の変化の中で生活する実子の存在は，これまで日本
においてほとんど配慮されておらず，実子の存在が見落とされている傾向があ
ることが明らかになった。実子には 18 歳未満の児童としての立場と，里親家
庭でケア役割を担う立場という二方向から考慮される必要があると考えられる。
特に，里親認定や委託の際の実子への説明方法，同意の取り方，委託児童と実
子のマッチングなどはこれまで十分に行われてきたとは言い難い。さらに，里
親支援は里親や委託児童などそれぞれ一方の場合がほとんどであり多方面から

の支援はあまり見られない。実子は里親家庭の一員でありながらも，これまで支援対象とされず，それ以前に実子が里親家庭や里親制度について十分な説明を受けたり語ったりする機会を与えられていないということは大きな課題である。

第3章　里親養育の開始の際の実子の年齢による
意識変容のプロセス

第1節　インタビュー調査の目的

　本章の調査の目的は次の2点である。1点目として，実子の親が里親に登録し，初めて委託児童を受託した時の実子の年齢によって，18歳以後の実子に与える影響の相違を明らかにすること，2点目として，里親養育が実子に与える影響を明らかにすること，である。1点目の18歳以後の実子に与える影響としては，18歳以前（高校卒業するまで）と高校卒業後，結婚・出産を経験した場合の3つの径路を時間軸に沿って明らかにする。また，2点目の里親養育が実子に与える影響は，本調査で得られた実子の語りから実子の意識をカテゴリー化し，実子に与える影響を明らかにする。

第2節　調査方法——複線径路・等至点アプローチ（TEA）とその内容——

（1）複線径路・等至点アプローチ（TEA）について

　本研究は質的研究法のインタビューによるデータ収集を行った。インタビューは半構造化インタビューとした。

　研究方法は，主に複線径路・等至点アプローチ（Trajectory Equifinality Approach：TEA）を採用した。TEAには大きく3つの概念がある。複線径路・等至点モデル（Trajectory Equifinality Model：TEM），歴史的構造化サンプリング（Historically Structured Sampling：HSS），発生の三層モデル（Three Layers Model of Genesis：TLMG）である。

　TEMはTEAの中心の分析技法である。人間の経験を，時間的変化と文

化社会的文脈との関係のなかで捉え，記述するための方法論的枠組みで，等至性（Equifinality）という概念を，発達的・文化的事象の心理学的研究に組み込もうと考えたヴァルシナー（Valsiner, 2001）の創案に基づくものである（Valsiner and Sato, 2006）。その概念を安田（2005）やサトウら（2006）が提唱し，近年心理学領域を中心に研究方法として広まってきている。

　等至性とは特有の文化・社会的背景をもつ事象に関して，人がある行動を選択することによって生じる外的な質的変化を時間の流れの中で捉えることに有効な概念としている（安田，2005）。等至性の概念では，人間は開放システム（Open System）と捉えられ，発達における時間的変化と社会や文化との関係性のなかで，多様な軌跡を描きながらもある定常状態に「等しく（Equi）到達する（final）」（安田，2005：203）ポイントがあるとされる（安田・サトウ，2012）。

　等至点（EFP：Equifinality Point）とは皆が等しく通る点とされ，研究において等至点を通った人が歴史的構造化サンプリング（HSS）されたうえでTEMの協力者となる。この歴史的構造化サンプリングとは等至点の経験者を研究対象に選ぶこと（安田ら，2012）である。しかし，等至点は同一の経験ではなく類似の経験である。また，必須通過点は「「必須」は「全員が必ず」という強い意味ではなく「多くの人が」という若干広い意味を持って使用される」としている（笠田，2014：179）。TEMのもう一つの特徴として，P-EFPという概念がある。これは，研究協力者の語りから得られなかった経験である

表 3-1　TEM の概念

（安田・サトウ（2012）を元に山本作成）

概念名	説明
等至点（Equifinality Point：EFP）	多様な経験の径路がいったん収束する地点
分岐点（Bifurcation Point：BFP）	ある選択によって，それぞれの行動が多様に分かれていく地点
必須通過点（Obligatory Passage Point：OPP）	論理的・制度的・慣習的にほとんどの人が経験せざるをえない地点
社会的方向づけ（Social Direction：SD）	阻害・抑制する事象を広く包括すること
社会的ガイド（Social Guidance：SG）	何かを選択し歩みを進めていく際に，何らかの援助的な力が働いていること。人からの支えや社会的な支援や制度，行動を後押しする認識や認知。

が，制度的・倫理的に多くの人が通過し得ると考えられた仮説のようなポイントである。この P-EFP を表すことで，支援がある場合とない場合の検証などを図の中に示すことができる。

　次に，発生の三層モデル（TLMG）とは，分岐点（BFP）において人がどのように思考するのかについて仮説的なモデルを設定することである。このモデルでは人間の精神構造を3種の層であると仮定している（参照：表 3-2）。

　サトウ（2012：210）によれば「サンプリング理論としての HSS によって，対象（者）の経験を抽出し，人やその他のシステムの内的変容過程を TLMG で理解しつつ，非可逆的時間とともに生きる人間の経験の総体を描く TEM を用いて，文化とともにある人間を描いていく」としている。複線径路・等至性モデル（TEM）と歴史的構造化サンプリング（HSS），発生の三層モデル（Three Layers Model of Genesis：TLMG）の3つを統合・統括することをTEA（複線径路・等至点アプローチ）としている。

　TEM には等至点（Equifinality Point：EFP），分岐点（Bifurcation Point：BFP），必須通過点（Obligatory Passage Point：OPP）というポイントがあり，それらを使用し図式化していく。TEM と同じようにプロセスを扱う M-GTAと TEM の比較を行った研究によれば，TEM の特徴は「個々の事例に含まれる対象者の具体的な経験や時系列を保持しつつモデル化し，それに対する理解を深められる点」とし，さらに「単一事例のみを対象とする際にも有効性を発揮しやすい点や，分析結果に対する共通理解が得やすい点」を挙げている（境ら，2012：205）。

表 3-2　発生の三層モデルにおける発生の三層レベル

（安田・サトウ（2012）pp. 238，表 4-1 を山本が修正）

第3層 最上層	信念・価値観レベル	ビリーフの発生	ここが安定していると下部が安定する。（無意識）
第2層 中間層	記号レベル	サインの発生	状況を意味づける記号が発生するレベル。（意識的）
第1層 最下層	個別活動レベル	アクティビティの発生	個別の行動や行為が発生するレベル。（行動）

（2）本研究における研究方法の採用理由

　本研究の研究方法として当初田垣（2004）が行った，ライフストーリー法と
KJ法を参考にした研究方法を採用しようと試みた。その理由として，第2章
に既述したM-GTAによる実子の意識に関する研究では，実子の多様な個別性，
実子のナラティブを十分に記載することができない限界があったため，より詳
細な記述を明らかにしようと考えたからである（山本，2013a）。しかし，個別
性を重視するライフストーリー法を用いて日本においていまだ数が少ない里親
家庭における実子の詳細な情報を明記することはインタビュー協力者の個人の
特定に繋がるとの懸念があった。

　田垣（2009）はTEMとライフストーリーについて論じた際に，「ライフス
トーリーとTEMは，一定の時間における経験プロセスを詳しく記述すること
を重視し，また発達の非連続的変化よりも連続的変化を重視している」と述べ
ている（田垣，2009：139）。また，TEMはこれまで心理学領域においての研
究に活用されているが，その点を踏まえ心理学の近接領域の活用，たとえば
社会福祉学においては，「広義の生涯発達が重視され，ライフステージ毎の支
援の必要性が認識され始めている」とし（田垣，2009：144），この発達観は
TEMの考え方に近いとしている。また，臨床実践への適応可能性にTEMを
使用する意義として「一つに，声になりにくい声や埋もれてしまいがちな個々
人の貴い経験を，実際に生きられた一つのモデルとして他者に届けること」と
し，「可視化されたTEM図を通じて，こうした自分自身の人生の歩みとその
経験の意味を確認することは，今後の展望する歩みにつながっていくことでも
ある。」としている（安田，2012：173）。これは，生涯発達に繋がり，先述し
た実子の今後の課題として挙げられている縦断的研究に近づくことができる研
究方法であると考える。生涯発達心理学では，生涯発達の3つの要因として①
年齢・成熟的要因，②世代・文化的要因，③個人要因を挙げている。TEAは
非可逆的時間により年齢を，SDによって文化的要因を，個人の語りにより個
人要因を明らかにできると考えられる。

　以上のことから，本研究では実子の成長発達に沿った時間的変化と日本の文
化社会的文脈を明らかにすること，実子の声になりにくい声を届けることなど
を行うことができるとする，TEAを採用した。

サトウら（2012）によるTEMの対象者数「1・4・9」の法則によれば，1人に対する研究では「個人の径路の深みをさぐることができる」，4±1人は「経験の多様性を描くことができる」，9人±2人は「径路の類型を把握することができる」という利点を明らかにしている。本研究では，分析過程によって差異のあったテーマごとに分けて3段階のTEM図を作成した。1段階目は10名を個別に一人ひとりの高校卒業までの径路，2段階目は出産経験のない7名の高校卒業後の径路，3段階目は出産経験のある3名の径路を明らかにした。それぞれ10名それぞれの「個人の径路の深みをさぐることができる」を表した後で，7名の協力者の「径路の類型を把握することができる」ことに加え，分析において結果が異なった結婚・出産をした実子に関して3名のTEM図を使うことで「経験の多様性を描くことができる」という3つの面から分析を行う。10名の個別性を表す理由は，最初の委託の際の実子の年齢にそれぞれ差があり類型化することで実子の詳細を明らかにすることができないことが挙げられる。反対に，高校卒業後から現在までの7名についての詳細を個別に述べることはインタビュー協力者の倫理的配慮が難しく個人を判断できてしまうと考えたためである。

　さらに，TEMにおいてKJ法を併用し分析を行っていくことの有効性も述べられている（サトウ，2012）。そのため，本章においてKJ法を援用した結果も併せて示していく。TEMは時間軸を基本とするため，時間が進むにつれて協力者の意識が以前と同じように感じるようになっても，時間が進んでいることを示すため矢印の方向は一方的である。そのため，矢印が時間軸と反対に戻ることはない。しかし，私たちの意識というものは以前の気持ちを反復したり停滞したりすることも多くある。そういった反復し考えていくことは人間の成長発達にとって非常に重要で，そのような意識を，時間軸に応じて記述しないKJ法ならば示していくことができると考えている。

　以上のことから，本研究ではある程度の個人情報の保護が可能なこと，および複数のプロセスを示すことができることから，人間の発達を基礎とするTEAを採用し，一部の結果においてKJ法を援用し併せて使用することとした。

　本研究において，3点の視点から結果を明らかにする。1点目はTEMによ

る里親家庭に委託児童が委託された時から実子の青年期までのプロセス（高校卒業までの10名と高校卒業後の7名），2点目は結婚・出産を経験した実子のプロセス，3点目はKJ法の援用による特に喪失を含めた結果，である。なお，この3点は節を分けて論じていく。

（3）データ収集
1）調査期間

調査期間は2013年1月〜2月，5月〜6月までの4カ月間である。1月〜2月で5名，5月〜6月で5名の協力者のインタビューを行った。1回の面接は59分〜111分であった。後日メール等で詳細な質問や委託の状況などを里親である両親に確認をしたことが数回あった。また，図の妥当性，倫理的配慮が行えているかどうか協力者に確認を取るためにできるかぎり面会をし，確認していただいた。その際修正が必要であれば加筆・修正を行った。時間の関係上直接会うことが難しい場合は書面での確認・修正を行った。なお，一部面会の会話を協力者の了解の元，結果に含めている。

2）調査協力者

調査協力者はインタビュー時において18歳以上で，プロセスを明らかにすることを重視していることからインタビューを行うまでに里親家庭で委託児童とともに3年以上生活を送ったことがある里親家庭の実子とした。また，最初に委託児童が委託されてからインタビューまでの期間を8年以上経った実子とした。インタビュー時も里親である両親や委託された子どもと日常生活の中でかかわりのある方を対象とした。地域は限定せず，7都道府県自治体となっている。

ラポールを作り上げることにも重点を置き，調査協力者は調査者と最低一度は会い[※1]調査者がどのような立場であるかを説明したうえで，後日調査依頼を行った。以前2010年6月〜2011年3月までに行ったインタビュー調査の協力者11名のうち4名が再度本研究のインタビューに協力してくださった。

調査協力者は10名で，性別は男性3名，女性7名である。インタビュー時の年齢は18歳〜41歳（平均年齢は26.7歳）だった。両親が里親養育を開始した際の年齢は3名が就学前，2名が小学校低学年（1年〜3年），2名が小

学校高学年（４年～６年），３名が中学生である。血縁関係にあるきょうだいがいる実子は10名中９名であり，１名が一人っ子だった。出生順では，第一子が５名，中間子が２名，末っ子が３名である。既婚者が５名で，そのうち子どもがいる実子は３名で，未婚の５名のうちインタビュー時に４名里親家庭で同居していた。全ての協力者において，両親のもとに委託された子どもは５名以上であった。

　10名としたのは，サトウら（2011）による TEM の対象者数「１・４・９」の法則から，径路を類型化する＝９人（±２）という人数に沿って決定した。委託児童と同じ家庭で生活をし始めた年齢は，乳幼児期３名，小学校４名（低学年・高学年それぞれ２名），中学３名である。

　また，本研究ではインタビュー前に，筆者と直接会った人と限定とした。直接会うということは顔と名前が一致し，筆者の認識ができている協力者に絞ることで，初対面の緊張感の中でのインタビューを行わないためと，協力者が初対面と以前からの知人であれば語りに大きな差が出ることを考えたため，初対面でのインタビューは避けた。メールなどのやり取りがなく２回目の面会でインタビューを行った人が４名，メールなどのやり取りがある，もしくは２回以上会った上でのインタビューを行ったのが６名である。

３）分析手順

　インタビューにおいて，協力者に対し基本的な氏名・年齢などを聞いた後に，両親の里親の登録時期と最初に委託児童が委託された時期，その時の協力者の年齢，実のきょうだいの有無，委託児童の全体の人数，措置変更や委託児童の数が増えた際の年齢などの里親家庭に関する基本的な事実確認を行った。その後，「両親が里親を始めてから今までのあなたのことを教えてください。どのように生活を送ってきましたか？」と質問を行い，委託が始まる前から現在に

表 3-3　インタビュー協力者の概要

性別	男性３名，女性７名
開始年齢	３名・就学前，２名・小学校低学年（１年～３年），２名・小学校高学年（４年～６年），３名・中学生
インタビュー時の年齢	18歳～41歳（平均年齢は 26.7歳）
きょうだいの有無	９名きょうだい有，１名無
出生順	第一子・４名，中間子・２名，末っ子・３名

かけて，協力者の経験を時系列に沿って話していってもらった。適宜，家庭内での役割について，家族・きょうだいに関する境界線について，里親家庭で生活して良かったと思うこと，辛いと思ったこと，今の生活に与える影響などについて質問した。質問の順番などは特に設けなかった。

インタビューは IC レコーダーに録音し，逐語録に文字化した。逐語録にする際に，名前や委託児童の年齢などは匿名化した。TEM の分析は，まず，逐語録から切片化した各経験に名前を付け，個人のプロセス図を作る。A4 の用紙に逐語録から抜き出した経験名と切片化データを記入する。さらに，各一人ひとりのプロセス図をまずは年齢のグループ別に分け図に表し，それを最後に全体の TEM 図としてまとめた。本章第 3 節の分析手順は第 2 節において作成した TEM の中の実子の意識に着目し，KJ 法（川喜田，1967）を援用し図式化していった。

（4）倫理的配慮と妥当性確保のための方法

本研究は「日本女子大学ヒトを対象とした実験研究に関する倫理審査委員会」の審査・承諾を受け実施した。面接に関しては面接者から協力者に直接面接を依頼し，承諾した方のみ行った。また，面接にあたっては語りたくないことには答えなくてよいこと，プライバシーを厳守したうえで面接の記録を論文・発表等に使用することを十分に説明した。説明した後に協力者に書面で内容確認のサインをいただいている。

面接を行う場所は，面接内容の会話が外部に漏れないようプライバシーが保証される個室を選び，協力者に了解を取った上で行った。ただし，協力者が面接場所を指定した際は個室ではなく喫茶店などで行った。

インタビューを録音された IC レコーダーは筆者のみが使用し，自宅などでは鍵のかかる場所に保管した。また，IC レコーダーに録音し，文字化する際に個人が特定されないように配慮した上でデータとした。里親家庭は個人が特定されやすいため，名前だけではなく，方言・地域・年齢・性別などのデータの取り扱いには特に十分注意し一部変更を行っている。

質的研究法において，妥当性の確保が重要となる。そのため，分析過程において指導教授との面接（スーパービジョン）を定期的に受け妥当性を検討して

いった。また，TEA研究会において発表を行い，研究方法の誤差などを確認
していった。さらに，トランスビューを目指すため，協力者全員にTEM図を
提示し誤差がないか，プライバシーに配慮しているかなどを確認していただき，
一部修正を行い，了承の上博士論文を提出した。

（5）調査の限界

　里親家庭の実子の数などを把握する団体が日本に存在しないことから，スノ
ーボールサンプリング以外の方法で協力者を見つけることができない。対象者
の数が限定的であることは本調査の最大の限界だと考える。また，個人情報が
特定されやすいことも，詳細な個別の記述がしにくいことに繋がってくる。さ
らに，実子本人の個人情報だけではなく，里親や委託児童が特定される具体的
なエピソードなどは匿名化せざるをえない。倫理的配慮を行う際，協力者に個
人のTEM図の提示の可否について問うたが，一部の協力者から個人のTEM
図に関して了承を得られなかったため，個人のTEM図の提示は本研究では行
っていない。

　また，回顧法を使って里親家庭で生活をしていた時の経験を聞いているため，
正確な記述にはならず，現在の実子それぞれの生活や想いなどに左右されやす
いことも限界の一つと言える。さらに，序章でも述べたように，当事者が行う
研究におけるいくつかの限界もある。

　安田（2012：177-178）はTEMとナラティブについて次のように語ってい
る。「実際にTEM図を用いるにしても，TEMを思考枠組みとして活用する
にしても，聴き手は，語り手のマスターナラティブを主体的なナラティブへと
転換させる宛先として存在する必要がある」とし「そうした聴き手のたたずま
いはまさに，語り手にとって援助的なものであるだろう。」と述べている。

第3節　里親養育の開始の際の実子の年齢によるプロセス

（1）全体の概要

　本研究においてTEMの非可逆的時間の期を第1期〜第4期に分けた。こ
の際，グループごとの年齢と日本の教育期間の段階に合わせて，就学前まで

第3章　里親養育の開始の際の実子の年齢による意識変容のプロセス　69

を「第1期：里親の概念がない」，小学校を「第2期：他の価値観との出会い」，
中学高校を「第3期：混乱期」，18歳以降を「第4期：実子であることの意味
を探す時期」とした。また両親が里親養育を開始し委託児童が委託された時の
実子の年齢ごとに4つのグループに分けた。グループは就学前，小学校低学年，
小学校高学年，中学生である。1期から3期の進学や就職前までは10人の協
力者全体の図を統一して示し，全体のプロセスを述べた後にグループごとに個
別の詳細を記述する。その後，高校卒業後の7名と出産を経験した3名のプロ
セスを説明する。

　調査結果の中でインタビューの会話は□□□，各経験には下線を使用し記載
した。筆者が補足した部分は（　）で明記し，TEM図に表示した経験の中
で，行動を示すこと（就職する，進学する等）には会話を補足していない。図
3-1・3-2は会話を抜き出した部分には図と文中に同じ数字で示し，インタビュ
ー協力者の詳細とインタビューの会話を一致させることは，倫理的な配慮によ
り行っていない。また，委託児童の委託の時期や委託児童の性別，委託経緯な
どの詳細は明記しない。一部年齢や性別，名前のイニシャル，方言を変更して
いる。

（2）高校卒業までのプロセス

　高校卒業時までのプロセスにおける TEM の概念と本研究における意味は表
3-4 の通りである。
　就学前のグループは里親になることを相談されたり意思を聞かれたりするこ

表3-4　TEM の用語と本研究における意味（高校卒業まで）

用語	本研究における意味
分岐点（BFP）	就学前＋小学低……友人との価値観の違い
必須通過点（OPP）	1．里子の委託 2．里子の行動に驚く 3．高校を卒業する
社会的方向づけ（SD）	1．里親制度の認知の低さ 2．里親制度への称賛
社会的ガイド（SG）	1．母との2人の時間 2．希望を聞かれる経験 3．友人の理解

とはなく，里親という言葉の意味を小学生高学年あるいは中学生になって初めて理解することになる。小さい頃から両親が里親であることが「普通」であったため，周囲の家庭も同じように血のつながらない家族が住んでいると感じている実子もいた。

小学校低学年は，親が里親になることは必然的に決まっており，「弟ができる」「妹ができる」といった説明を受けていた。しかし，委託された後には子どもがかわいいと思う反面，親との時間を失ったりする寂しさや我慢を抱える場合があった。就学前と小学校低学年は小学校の間で友人との価値観や家庭環境の違いに気づきそこから里親や家庭を考えるきっかけになった。いじめや不登校の経験を持つ実子もいた。

小学校高学年では，本やドラマなどを見ることで里親について漠然と知っていることと，親からの意思の確認を受けていた。そして，きょうだいができることを喜ぶ姿もあった。しかし，委託後子どもの行動に驚いたり，子どもの対応をする親を心配したりすることが見られた。

中学生では，親の里親の動機を理解していたが，現実の養育や変化の多い生活によりケア役割を実子が担うことや子どもの行動からトラウマを抱えるケースがあった。その一方で，社会に里親制度を理解してほしいと考えることもあった。また，高校を卒業するまでの期間が短いためその間に委託される子どもが少なく小さい乳幼児であれば家庭内の変化は小さいことが明らかになった。

高校生になるころには，どのグループも委託児童の措置変更や新規委託，年齢差，子どもとの関係，親との関係などが意識の変化において非常に重要となっており，当初の年齢に関係なく多様な径路をたどっていた。そのような中，高校を卒業する必須通過点を迎える（参照：図3-1）。等至点については，この後の高校卒業後もしくは出産を経験した実子の TEM 図によって明らかにする。

1）就学前からの委託

①Ａさんの結果

Ａさんは里親登録などに関しての委託前の記憶がないと語っている。

（最初にお母さんとお父さんが里親始めたとき状況を覚えていますか。）

全く覚えてないよ。多分これは自分の記憶ではないけど，何回か，その，最初の子に会いに乳児院には行っていたみたい。

と語っている。両親がなぜ里親を始めたかということも，成人してから聞いたと語り，児童相談所の職員との関わりも以下のように語っていた。

> （児童相談所の人と会って話したことはある？）
> あいさつぐらい。大人の話で，子どもは外みたいな。

と語っている。その後も子どもが委託される際は，親からの説明を受けることがほとんどだったと答えている。

同じぐらいの年齢の 里子の委託（OPP1） がある。

> 遊び相手には困らなかったかな，小さいころは。でも，（中略）その子が公園で遊んでたら何かいなくなっちゃったんだよね。で，それを探しに行く4歳ぐらいの私っていう。

と，幼児の時期から，同年代の里子の面倒を見ることが多かったと語っている。

就学前から両親が里親をしていることもあり，就学前のグループは年齢の近い子どもが委託されるケースが多かった。その点についてAさんは次のように語っている。

> そんなに私としては同じぐらいの年齢の子が多かったなとは思わなくって，ただやっぱり一つ違いだとやりにくいなって思った。

と語っている。この一つ違いのやりにくさの理由としてAさんはAさん自身の年齢が関係していると言い，

> 小・中のころって1歳差って結構大きいっていうか，あるじゃない。でも，そんなに遠いわけでもないしみたいなので，ちょっと来てみて，「あ，ちょっとこれはやりにくいな」って思ったのはあるかな。

と語っている。小学校に入る前までの年齢差はそれほど感じていなかったが，学校という社会に入ることで年齢差を感じるようになったと語っている。

Aさんは委託児童との生活の中で，就学前や小学校の低学年のころは委託児童の行動を普通に受け入れていたが，社会や学校での生活を送る中で，だんだんと 里子の行動に驚く（OPP2） 経験をしていた。

> 例えば何か服を買いに行くとか。「これ買っていいの」みたいなとか，みんなでご飯を囲むとか，そういう経験がすごく乏しいんだなっていうのは驚いたかな。問題行動っていうあれじゃないけど。
> あとは，高校生の子とか話聞いてると，やっぱり想像力ないんだなっていう

72

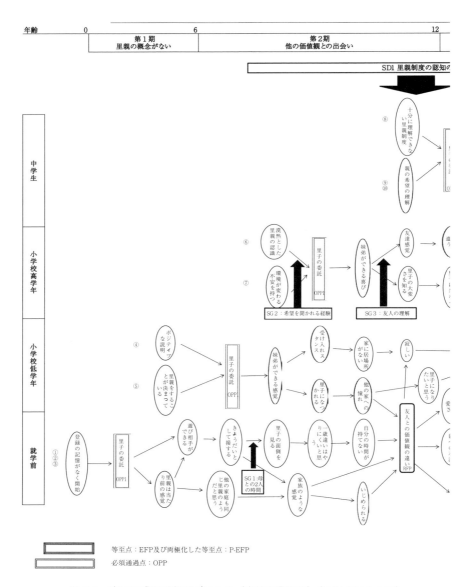

図3-1 実子の成長過程のプロセス（高校卒業まで）（2頁中の1；左）

第 3 章　里親養育の開始の際の実子の年齢による意識変容のプロセス　73

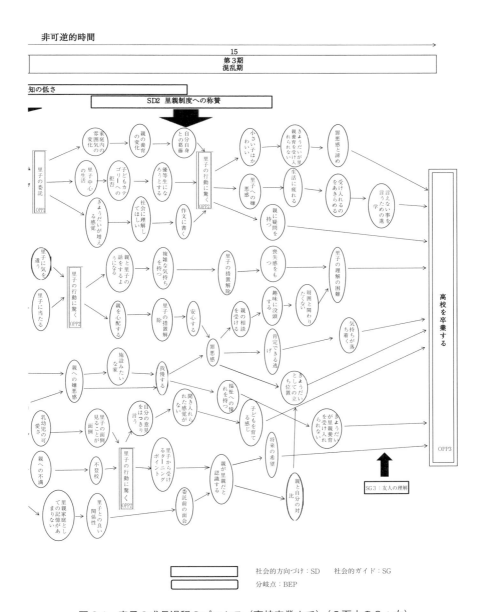

図 3-1　実子の成長過程のプロセス（高校卒業まで）（2 頁中の 2；右）

ところで，ま，ちょっとパチンコ行っちゃったりとか。それが見つかったらどうなるか分からないんだなみたいな。それを平気で実行しちゃうんだなみたいなところに驚いたりはする。次，問題起こしたら退学って分かってるのに。

　年の離れている子どもに対して，乳幼児の可愛さを感じつつ，Ａさんは里子の面倒をみることが面倒だと感じていたと語っている。

　赤ちゃんは可愛いけど，やっぱりある程度小っちゃいと絶対にかかわんなきゃいけない範囲は増えてくるので，でも極力，そんなにかかわりたくない。面倒くさい。

（面倒だと思い始めたのはいつ頃から？）

　多分，その，中１ぐらい……，いや，その前からか。小学校半ばぐらいか。でも，短期だったらまだ我慢できるのよ。それなりにいいお姉さん役みたいな。でも，長期はさすがに繕いきれないよね。

　その理由として，自分の時間が持てないことだと語っている

　里子いて，何が面倒くさいって，自分の時間が持てないことだよね。

　Ａさんはこの時から，自分の意見はハッキリ言うようにしていた。例えば，家事の手伝いなどについては以下のように語っている。

　料理したり，洗い物したりはそんなに。するときはあったけど，大体（里子の）妹と交代みたいな，当番みたいな感じでやってたんだけど，大体こっち（妹）のほうが先にさぼると。で，私だけやってる状態になる。「何で私だけやるの。じゃ，やらない」って。

　母親とかは「私を助けようとする気持ちはないの」って言うけど，「うん。特に見返りないもん」。

　Ａさんは，自分の時間を持てないことや家事などのサポートに関しても，両親や委託児童に対してしっかり意見を伝えることができていたと考える。その背景には SG：母親との２人の時間 があったと語っている。

　私は，家の中で自由に振る舞うことが許されていたと思っているんだよね。なんでそう思えたかって振り返ったときに，例えば母親と２人で行動することが小学生とか中学生ぐらいで多かったとか，子どもの相談を私にしかされなかったとかっていうことで，差別じゃないけど特別な扱いを受けているようには思えていたんだと思う。

また，過去の写真やビデオを見返すことも重要だったと語っている。

> 一種のライフストーリーワークなのかもしれないけど，父親が小さいころのビデオや写真をたくさん撮っていて，その時に本当に家族だけの写真があったり，おばあちゃんの家に私だけの写真が飾られてたりすることが，特別な存在だって思ったことなのかもしれない。

　里親養育では実子と里子を差別なく養育することが示されているが，実子にとっての本来の家族に対する気持ちや両親との時間，特別な時間や場所というものは，両親とのアタッチメントを作る上で非常に大きなことであると考えられる。そして，それを実子が感じ取り，生活することができるようにしていくことも必要なことであろう。

　高校生ぐらいになると，子どもを育てる感じが芽生えてくる。

> ま，小っちゃければ寝る時間も早いしとか，そんなに，一緒には住んでるけど，一緒に育ってはないかなみたいな。育ててる側ではあるけど。

と語った。しかし，次のようにも述べている。

> 家事とかは手伝っているけど，養育に関わっている感じがしなかった。しっかり，姉として面倒を見ている感じ。

　Aさんはその後，高校を卒業する（OPP3）し，福祉系以外の大学に進学することになる。

②Bさんの結果

　Bさんは両親が里親を始めたころのことは全く覚えていない状況だった。

> その辺が分からなくてー。ほんと小っちゃい時で，

　登録の記憶がなく開始した里親養育だった。そして，Bさんは里子の委託（OPP1）を経験するが，Bさんの中では里子という感覚がなかった。

> いろんな人が家にいたんでー。私が変わったっていうことはないですね。私自身は。なんかこの家は誰かが来るっていう感覚だったんで。

　Bさんの家は人が集まる家だったため，Bさんは里親は当たり前の感覚であると感じていた。

> なんかそれが当たり前って思ってたから。よその家も私だけはよその家もそうだと思ったんですよ。よその家もみんな違う，血のつながらない人が一緒に暮らしててっていう家が全部だと思ってたんですよ。

Ｂさんは他の家族も同じ里親のようだと思って生活をしていたと語っていた。委託された子どもに対して，Ｂさんは家族のような感覚に感じていた。

　家族ではないけど家族って感覚でずっと生活してきたんで，私は今さらなんか誰かが来ても他人とも思わないし。入った時点で家族，っていう感覚だったんですよ，私は。なんかそれを説明しろって言われても難しんですけど。だからＮ（里子）が来た時も，もう違和感も私はなくて。「はい，来た弟」「はい，もう今日から弟」っていう，もう勝手にこう頭がきり切り替わるっていうか。もう来たら家族っていう感覚でしたね，私。

　他の家族も里親だと思っていた考えはＢさんが小学校の中学年ぐらいまで続き，その後起きたいじめられる経験がＢさんの考えを変えていった。

　でも「あー違うんだ」ってだけで，そん時は特殊だと思ってなかったんですけど。小学校６年生の時にいじめにあってるんですよ。その時に「あ，私は人と違うんだ」ってはっきりわかったっていうか。

　いじめられる経験は里親養育に直接関係のないことだったかもしれないとＢさんは語ったが，その経験が友人との価値観の違いを感じさせるきっかけになっていった。

　小６の時にやっとなんか価値観が違うっていうか，ここは特殊な家なんだみたいなのがやっと分かった。

　しかし，Ｂさんは何事も深く考えない性格だったと語った。そして，里親家庭としての記憶があまりない状況だった。

　私ってほんと何も考えてない人だったんで。結構一番放置されてた人なんですよ，私。お母さんが忙しかったのもあるけど，多分，手がかからなかったから一番放置されてて，なんにもほんとに記憶もあんまりないし。

　しかし，Ｂさんは委託児童と仲が良く，遊びに出かけたりすることや家庭内で関わることが多かった。

　Ｎ（里子）とも結構私いっぱい出かけてるんですよ。一緒に映画見にいったりとか。私，結構精神年齢幼なかったんで。アニメをＮと一緒に見に行ったりとか。

　このような里子との良い関係性はＢさんが委託児童のいる生活を受け入れていたと捉えることができる。Ｂさんは他の実子が感じた里子の行動に驚いたと

いう語りがなかった。このことからBさんが里親をあまり違和感なく捉え成長したことがうかがえる。

そのころBさんの家庭は委託をさらに受けることになる。Bさんは新しく委託される子どもに会いにいった経験があった。

> 「こういう女の子がいるの。会いにいこうか？」って言って一緒に行って。それで引き取ることになったっていう感じで。結構ね，深い話しないままに多分。

その際も，Bさんは自然に受け入れていた。

Bさんは高校に入学してから親が里親だと認識をする。

> 高校に入って里親っていうものがあるんだってのが分かったのかな。その（里親関連の）泊りがけとかもね，一緒に行ってたんだけど，里親っていうの多分理解してなかったと（笑）。私はね，私自身は。

そして，里親と認識した親と自分の対比を行う。

> 昔はあんまり（里親を親がしていることに対して）「すごいね，すごいね」って言われるの嫌だったというか。なんか，自分がしてるわけじゃないけど「なんかそんな風にとられんのかなー」みたいのとか，あったんですけど。なんか「じゃあ私はダメだ」みたいな，とは思ってないけど，なんか同じあの親子なのに違うなって思うこともあったし。

里親制度への称賛（SD2）は「親子なのに違う」と感じさせ，それが嫌だったとBさんは感じていた。

Bさんはきょうだいとしての立ち位置で委託児童に接しており，それはBさんにとって受け入れられる関係であった。その後Bさんは高校を卒業する（OPP3）し，福祉系以外の大学に進学することになる。

③Cさんの結果

Cさんは Cさんが産まれる前に両親が里親登録を行っていた。

> 産まれてなかったかな，産まれてなかったですね，登録した時は。

そのため，里親の登録の記憶がなく開始されている。その後，里子の委託（OPP）がなされたが，Cさんは全く記憶にない状況だった。

> 何才だったんだろう。一応短期で，一番最初短期のこう，多分，物心ついてないかな，何才か，何才だったんだろ。覚えてないですね，最初の子は。話を

聞いてるからっていうだけで。

　そのような生活の中でCさんは，里親は当たり前の感覚として受け止めていた。

　だから当時はほんとに，逆に言ったら，何にもなかったから，考え，逆に言うと，考えてなかったっていう，もうそれが当たり前の生活やった，特になんか意識して考えることはなかったっていう感じですかね。

　その後，Cさんには年の近い里子の委託があった。その際Cさんは遊び相手ができると感じ，その子どもをきょうだいとして接するようになる。

　もう普通に，遊び相手ができたっていう感覚で。（中略）だから私自身弟が，本当に弟ができて，一緒に遊べるなっていう，そういう感覚ですね覚えてるのは。だから嫌な気持ちとかもないし，だから来るっていうの，さっき言うたようになんか，「あ，どっか困ってる，とこから来たんだな」っていう，そういう感覚だったんで。なんか単純に，弟ができて，遊び相手が，遊び相手ができるっていうのが大きいですね。

　家庭の中での人間関係は良かったが，小学校に入学していくにつれ，Cさんは他の価値観に出会い，その生活の中で友人との価値観の違いを実感していくようになる。

　でもやっぱりその頃からちょっとずつ，周りとなんか価値観の違いっていうのすごい感じるようになって。

　Cさんは小学校の高学年ぐらいから友人との価値観のズレを感じるようになる。そのエピソードとして次のように述べている。

　むしろその，いっぱいの人と生活するのが当たり前だと思ったり（中略）なんか特別にその当たり前みたいな生活と思ってたのが，徐々にやっぱり見るわけじゃないですか，そのちょっと差別的なこと同級生がしてるのなんかそんなの見てて，なんか「あー」とか，そういうストレスもあったのかなっていう。

　Cさんは学校生活にも楽しみを見つけられず，両親の仕事の忙しさもあり，親への不満があったと振り返った。

　だから自分自身も一時期は，それが不満，不満っていうかやっぱりあったんで，ちゃんとやっぱり説明，今でも言うんですけど，ちゃんとやっぱり子どもにそれは（説明は）してほしいって言って，説明をわからなくてもいいからっ

第3章　里親養育の開始の際の実子の年齢による意識変容のプロセス　79

ていう話はしてますけど，当時は確か，ちょっと薄れてきてんですけど，なん
かすごい，説明をしてほしかったって（気持ちが）あったんですね，その，そ
のある程度思春期の時は。

　Cさんは委託される子どもの状況の説明がないことや，次の語りのように見
てもらわなかったと感じる不満を持って生活をしていた。そして，その生活の
中で<u>不登校</u>になっていく。

　逆に言ったら多分自分たちも見てもらわなかった分もあるんで，そういうと
こで，不満が多分溜まってたんでしょう，気づかずに。だからそれが中学校の
時に爆発したみたいな感じになって。そうですね，その時に学校行ったりしな
かったんで，やっぱその自分がどん底っていうか，自分が不幸だみたいな感じ
に思った時期があって，

　Cさんの不登校が続いていた時に，Cさんは委託されることになった<u>里子</u>
<u>の行動に驚く（OPP2）</u>。

　V（里子）だけ本当に，こう手を伸ばしたらその手払いのけたり，こう本当
にうつろな目，子どもがそのうつろな目をしてるの，ショックだった，すごい
衝撃だって。手伸ばして，払いのけて，後ずさりして，笑顔全くなくて。

　しかし，この里子の行動に，Cさんはそれまで抱いていた感情に変化があっ
たとしていた。それはCさんにとって<u>里子から受けるターニングポイント</u>だっ
た。

　そういう時にVと出会って，いつもそん時ほんとにこう，「明日死のう」と
思って今日生きてたみたいな感じだったんで，「もう明日死ぬから今日がんば
って生きよう」っていう，もうそこでそのVと出会って，すっごい小さい体で
それでもなんか自分は生きてるっていうのすごい感じで，なんかすごいそれを，
本当に小さい体で発してるのを見て，なんか自分が情けなくなったっていうか

　Cさんにとってこの里子との出会いが人生を変えたと言えるが，この経験は
Cさんが，<u>親が里親だと認識する</u>きっかけでもあった。

　両親が里親っていうのは，中学まで知らなかったっていうのはありますよね。

　そして，その両親が行っている里親養育はCさんの<u>将来の希望</u>を決めるきっ
かけになった。

　「これがその，両親のしたかったことはこういうことか」って逆に思って，

なんかすとんと落ち付いた部分があって，でそれなら私も将来（中略）じゃあ自分も将来いっぱいはできないけど少しでも，ちょっとするだけでもできたらって思って，まぁ子どもと関わりたいってその頃から思い出して，っていうあれですかね，だから。そうですね，その出会いがなかったら多分興味がないままだったんじゃないかなって思います。

　Cさんは高校生の時に，友人から次のように里親について話をしたことを語った。

　高校の友達が，結構自分自身もうしょっちゅうそういう（里親についての）話をしてたんで，だからふっとした時に，「私もなんか大人に，将来結婚して，その子どもが産まれなかったら里親になってもいいな」っていう，そういう話をしてくれた時ちょっと嬉しかったですね，なんか。

　Cさんは小学校の頃に友人との価値観のズレを感じたことがあったが，高校の時には SG3：友人の理解 があった。

　そのような生活の中で，Cさんは里子との出会いと両親の養育の様子を側で見ることで，自分自身も将来子どもと関わる仕事に就きたいと思うようになった。Cさんはこの後，子どもと関わる仕事に就きたいと考える中，高校を卒業する（OPP3）。

２）小学生の時期からの委託

④Dさんの結果

　Dさんは里親養育が始まる前に両親から里親に関するポジティブな説明を受ける。子どもが委託される前の説明として，

　多分，すごい，赤ちゃんが来る，弟ができるんだよみたいな風だったんで，すごいポジティブな説明だったから，「ああ，そうなんだ。楽しみ」ぐらいだった気がして。

と述べている。Dさんの両親はDさんに対し，「弟ができる」と説明していた。そのことについてDさんは

　「来るよ」みたいな。「決まったよ」みたいな感じでした。

と述べている。

　実子に里親をする同意は取られておらず，親の決定で里親をすることが決まっていたと読み取れる。説明について他には

第3章 里親養育の開始の際の実子の年齢による意識変容のプロセス　*81*

> 多分，うちの両親の雰囲気が割と，まだ分かんない子にはそんなややこしい
> 説明をしない雰囲気だったんで，多分私にはその程度だったと思います。

と当時の様子や両親に関してこう述べていた。それはＤさんにとって妹弟がで
きる感覚として認識されていたことであった。

> 多分，多分お姉ちゃんになったんだと思いました，単純に。上のきょうだい
> を見てるから，（中略）私は（里子の）お姉ちゃんなんだみたいな，そういう，
> こう，結構自然にそういう考えに切り替わったと思って。

その後，最初の子どもが委託された際の心境については受け入れるスタンス
だったと述べている。

> こういう風に変わっちゃったな，嫌だなみたいな気持ちもあんまり覚えてな
> くって，楽しいなっていう気持ちも特に覚えてなくって，もう何かどっちかっ
> ていうと，もうこういうもんだみたいな。来なきゃよかったのにとかも思わな
> いし，もうこういう方針になっちゃったんだみたいな。しょうがないみたいな，
> かなり受け入れスタンスというか。かといって，嫌だなとも思わなかった気が
> して。

状況の把握が難しい年齢の実子がどう委託児童を受け入れ始めるのかという
ことを示している。そして，Ｄさんは家に居場所がないと感じるようになって
くる。

> 何か，多分小さいころから，何て言うんだろう。その，自分の居場所がなく
> なっていくような感覚が多分あったんですけど，でも，自分ではあんまりそれ
> は，自分では気付いてなくって，でも，何か寂しい気持ちとか，多分あったと
> 思って。そう，あったと思うんですけど。多分，それが親に対してすごくモヤ
> モヤあったんだと思うんですよね。

家に居場所がない，寂しいという気持ちは，親への嫌悪感へ変化していく。

> その里子本人にすごい嫌な気持ちがあるわけではなくて，どっちかっていう
> と，何かこう親に対してすごい，こう何か嫌な気持ちがあって。（中略）中学
> ぐらいのときは，多分すごいモヤモヤしてたんだと思います，多分。どっちか
> っていうと，親に対して。

Ｄさんは成長するにつれて，少しずつ増える委託児童の養育の様子を施設み
たいな家と思うようになったと語った。

そう，何かもう，多分もうそのころから感覚として家の中が家庭っていうよりかは半分施設のような，預かってる子どもだから何かあっちゃいけないみたいな気持ちがどっかにあって，そういう注意の払い方じゃないですけど，感覚としてこう，どんどんこの辺からあった気がしますね。

　インタビュー時は実家の里親家庭を受け入れるようになっていったＤさんは過去を振り返って

　昔はすごく嫌なとこだったんですけどね，家庭，自分の家なのに，施設なんだよなっていう気持ちがすごくあって，それがすごく嫌で，昔は自分の居場所がない，ゆっくりできるところがないっていうふうに思ってたんですけど，

と語っている。この施設みたいな家というのは，Ｄさんが周囲に里親養育を説明する上で使用していた言葉だった。SD1：里親制度の認知の低さ がＤさんの意識に大きくかかわっていた。

　Ｄさんは小学校から中学校を振り返った語りの中で我慢するという変化を語っている。

　何か小さいころはすごい我慢できたんだけども，それができなくなってきたんだなっていう感覚で，小さいころは多分新しい子が入ってきてもすごく受け入れられたのが，割とうーん，何て言うんですかね……，でも，小さい子って受け入れるじゃないですか。私なんか小さい子見てて思うんですけど，今。なんかどんな親でも受け入れるし，どんな環境でも受け入れて頑張るじゃないですか。そういうのがやっぱあったのかななんて，ちょっと思ったりして。結構，我慢できちゃうんですけど，でも，やっぱり中学，高校になってきて，何かその，多分我慢してるのがどんどん，どんどん，こう自分の中で，何か明確になってくっていうか，分かってくるというか，原因は分からないけど，

　この語りの中で，実子が思春期になり自己との関わりを深く考えることになることが示されていた。小学生の頃は我慢することができていたが，中高生になるとそれが難しくなっていった。

　そして，そういた感情をＤさんは罪悪感を持つきっかけになる。

　里親というか，結局，里親寮なんですけど，小さい子中心の生活っていうのがもう，家のルールみたいな感じで。それができることが良いみたいな空気があって，でも，私内心ではすごく，多分こう，小さい子たちに，弟たちに多分

すごくモヤモヤがあったんですよね。でも，私は何かそういう家庭に，何て言うんだろう，合ってないというか，何か自分が悪いんじゃないかっていう，何かみんなちゃんと優しくしてるのにみたいな，里親ってやっぱりいい仕事なのにみたいな。すごくモヤモヤしてるのを自分が悪いんじゃないかっていう気持ちがあって。でも，結構そうなってくると，もう自分の何かこう自分が悪いんじゃないかっていう，何でもそういう気持ちになってたと思うんですよね。

　Ｄさんは SD2：里親制度への称賛 を社会から受けた里親家庭で育ち，「小さい子に優しくする」ことを実践している家庭内でＤさんだけができていない，悪いのでないかと考えるようになっていく。そうした環境の中で，少しずつ家庭に居場所を感じられなくなったＤさんは高校進学の際に寮のある学校を選んでいる。それは，両親からも了解をもらいやすい学校であったとし，<u>肯定できる逃げ</u>を実行することになる。

　親は絶対嫌とは言わないだろうっていう，何か変な，こう，これはいけるみたいな。すごくいい学校だしっていう，すごくそれを，自分で自分をすごい肯定しつつ。

　Ｄさんはその当時，意識をして家を出たいと思ってはいなかったと語った。

　多分，その，何か裏側には，「もう家にいたくないんだ。いちゃいけないんだ」みたいな気持ちがあったと思うんですけど，それがすごくこう，自分のこう，思いの中の思い出には別に出てきてるわけじゃなくて，意識してるわけでもなくて（笑），超勢いで。何か，そうなんですよね。「どうにか，こうにか絶対合格してやる」みたいな気持ちで。

　このように実家から距離を持ったことをＤさんは次のように述べている。

　離れられて良かったのかもしれないですね。でも，それだけでは多分，何か完全に晴れるようなわけでもなくって，とりあえずその時の気持ちの整理のために離れられたみたいなのはあったかもしれないですよね。

　そして，この距離を持ったことで，<u>気持ちが落ち着く</u>ことができたとも述べていた。

　多分離れて暮らしたから，ちょっと気持ちが落ち着いたのかなみたいな。

　高校３年間を里親家庭から離れて生活したＤさんは，その後，高校を卒業する（OPP3）。

⑤Eさんの結果

Eさんは年齢の下のきょうだいがいたが，里親養育を開始した際，次のような説明を受けたと語った。

> きょうだいが生まれて，しばらくして，こう，何だろう，うちの父親がやりたいって言い始めたって言ったかな。
>
> （最初に，お父さんとお母さんが，里親をやりたいと言った時に，何か話は聞きました？）
>
> 全然，全然。だから，「赤ちゃんが来る」（と言われただけ）

Eさんは里親をすることが決まっている状況で，里子の委託（OPP1）が始まっていた。その際に，里親というものを知っていたかどうか尋ねたところ，

> わかってたのかなあ，わかってなかったのか，よく自分でも理解ができなくって。でも，小学生の時覚えてるのがね。クラスルームで，「今日，妹が，妹って言うか，赤ちゃんが家に来るんです」っていうのを嬉しくて発表したような気がする。とても嬉しかった。赤ちゃんが来るのが。

と語った。Eさんは赤ちゃんが来ることを喜んでいて，委託が開始してから暫くその喜びがあった。そして，Eさんはそれを，妹弟ができる感覚として受け入れていた。

> ただ単にね，本当に私，妹とか弟とかできてる感覚，とっても。

Eさんはその後も妹や弟のような感覚で，里子にも接していく。そのような生活の中で里子になつかれる経験をし，それが嬉しかったと語った。

> 里子が来たら，お母さんの顔，うちの母親の顔見て泣く子がいたとしても，私がお風呂入れれば落ち着いたりとか。

しかし，措置変更や新たな委託があり，だんだんとEさんの年齢が上がるにつれ，他の家への憧れを持つようになっていく。

> たぶん比べちゃったんだろうね，他者と。だって近所の子だってみんな，一人部屋持ってたりとかさあ，お部屋があるのに，うちはないんだよ，プライバシーが。

Eさんは大勢の家族で生活する中に，自分の部屋がなくプライバシーがないと感じていた。Eさんは小さいころから他の里親家庭との交流を持っており，他の里親家庭で委託児童がどのように生活をしているかを知っていた。小学校

の高学年ぐらいになると，Eさんは里子になりたいと思うようになったと語った。

> 結構（他の里親の）皆さん，もうちょっと年いってて，もうちょっとお金持ちで，「旅行に行きましょう」とかさ，あったりとか。こう，里子の子達に一人部屋を与えられてたりとかするのを見て，「私も里子になりたい」って言ったね。「児相の前に捨ててきて！」とか，家出したくなったときとかに，「捨てて来て！」とかって言ってた時あったもん。

家庭環境のことだけではなく，Eさんは次のようにも述べていた。

> 私たちはさ，実の親なのに自分の気持ちを出せないのに，里子はすぐ出せてずるいなって思ってた。

Eさんは自分の過去を振り返ると，気持ちを親に伝えてこなかったことを思い出していた。そして，思春期に入るころには，親への嫌悪感を持つようになった。

> 親のエゴだと思ってたから。きっと。自分の父親が，「やりたい」って始まったのを，もう聞いたこと，私から聞いたんじゃなくて，たぶん彼から言ったんだよねえ。（中略）で，「（里親は）偉いね」って言われるけど，「いやいやいや，家の親はエゴだよ」っていう。

Eさんは社会から 里親制度への称賛（SD2）を受けていることを理解しており，「ご両親は偉いね」と言われることに対し，「親のエゴ」と答えていたと語った。しかし，その里親制度への称賛はEさんに我慢するきっかけを与えることとなる。

> 里親は称賛されているからマイナスなことは言えないと思っていた。だから，（自分が）支えになった人とか物の自覚がないんだと思う。

そのような中でも，Eさんは福祉への憧れを持つようになっていく。

> 中学校の3年生の時に，進路どうするっていう話になって，高校は進んで，その後どうするかって，ビジョンって言うか，自分でビジョンみたいなのを考えなさい，みたいなのがあり。自分は児相の職員になりたいなと思ったんだよね。なんでだか知らないけど。で，その時に思ったのは，その児相の職員さんが，家にかなり出入りをしていたので。ちょっとね，憧れてたの。うん。そういう仕事に。でまあそのまんま，じゃあ社会福祉を選択していこうと思った。

きっかけかな，そこが。

　Eさんは自宅に児童相談所の職員が訪問する姿にあこがれを持ち，社会福祉を高校卒業後に学びたいと思うようになったと語った。

　しかし，その頃になると，Eさんのきょうだいが里親養育を受け入れられない状況になってくる。

　きょうだいが荒れるから，「いいのか？」って思ってたけど。決めるのは私ではないと思ってた。なんだろう，一番上だからなのかな，そこが気質なのかなって思うけど。あそこで「私も嫌だ」って言ったら（親が里親を）止めたのかなって思ったりすることもある。

　きょうだいが里親養育を受け入れられなくなる状況をEさんはただ見ているしかなかった。そのような状況の中で，Eさんは福祉系の学校に進学することになる。

　⑥Fさんの結果

　Fさんは小学校の時に，両親から里親をやりたいという希望を聞いていた。その際，テレビドラマなどで里親についてとりあげられており，漠然とした里親の認識があった。

　本当に，もともと，親にも（里親の）ドラマ見せられてたんで，見せられてたっていうか見てたことあったんで，こういう感じなのかなって思ってて，

　里親登録の際，Fさんは児童相談所の職員からSG2：希望を聞かれる経験をしている。

　児童相談所の人が来て，どういう子がいい？みたいになって，きょうだいと話し合って，やっぱり妹かなって話して。（中略）やっぱり最初に聞かれたのは，男の子と女の子どっちがいい？って聞かれて，で，年上と年下どっちがいい？つって。私達は妹が欲しかったんで，妹みたいな子が欲しいです（って言いました）

　Fさんはその際，きょうだいと話し合って，妹が欲しいという希望を伝えている。そして，Fさんの家庭に里子の委託（OPP1）が行われた。

　Fさんやきょうだいの希望通りに女児の委託があり，不安も一方で持っていたが妹弟ができる喜びを感じた。

　本当に……そうですね，やっぱり軽い気持ちで最初考えてて，最初妹が欲し

いなと思って女の子２人来たんですけど，やっぱりすごい楽しみでしたね，最初。

　Ｆさんの家庭について，Ｆさんは親しい友人に話していたといい，SG3: 友人の理解 があったと語った。

　学校の友達が来て，（里子を）かわいがってあげてたりとかもしてくれてたんで，何て言うんですかね，地元の友達も，うちがこういうことやってるんだって知ってるから，○○（Ｆさんの家）ちはたくさんいて面白いねみたいな感じです。

　その後，Ｆさんの家には何人かの里子が委託され，年齢が近い里子は友達感覚として受け止め生活を送っていた。

　入ってきたときに，初めて来たときに，ちょうどきょうだいとカードゲームをやってて，その子たちも好きだったから，一緒にやろうよみたいになって，本当にすぐに打ち解けましたね。（中略）どっちかっていうと，私的には家族っていう関係より，本当に毎日が友達と合宿じゃないですけど，みたいな感じでしたね。

　しかし，年齢の近い里子に気を遣うことも増えていく。

　やっぱり，何か……本当のきょうだいじゃないじゃないですか，なので，やっぱり，どこか心に少し距離があるわけじゃないですか。なので，例えばお菓子があるよとかなってて，残り１個とかだったら，「食べていいよ。」みたいな，気を使っちゃったりとか，自分の本当の持っている意見を言えなかったりとかはありましたね。

　Ｆさんはそういった日常生活の中で里子のさまざまな経験を見聞きすることになる。Ｆさんは一つ一つの 里子の行動に驚く （OPP2） ことを語った。

　結構その子たちは，うちで預かる前の家の環境を「俺んち前，毎日朝ご飯食べてなかったんだ。」とか，思ったより前の家の環境を，普通，トラウマとかだったら言いづらかったりするじゃないですか。すんなり言ってくれてたりしてますし，何て言うんですかね……自己主張が結構激しい子でしたかね。

　Ｆさんが中学校に進学する頃には，親と里子の話をするようになる。特にＦさんは養育の中心を担っていた母親と２人で話す機会が多かったとした。

　案外お母さんに「この子大変？」とか聞いたりすると，私とお母さん思った

より里子の話をするんで，家でも，「この子は面倒くさいタイプだから，こうしたらいいよね。」とか私も「この子はこうしたほうがいいんじゃない。」とか，たまに言ったりして，結構思ったより話しますね。里子にばれないように，裏でですよ。

　Fさんは里親養育の大変さを感じながらも，その養育に対して弱音を吐かないで前向きに養育をする母親の姿を見て育つ。その一方で，里子と親の関係を見て，複雑な気持ちを持つこともあった。

　私もですけど，（親と）口げんかとかするじゃないですか。でも（里子が）暴言とか吐いたりとかしてると，何かちょっと複雑な気持ちになりますよね。何かマザコンみたいに思われたら嫌ですけど，ちょっと何か，（親を）いじめないで，じゃないですけど，ちょっと複雑な感じありますよね，それは思います，たまに。

　Fさんは中学から高校にかけて趣味に没頭する時間が多くあり，家庭と自分の時間を使い分けて生活をしていた。

　そんなときに，Fさんは里子の措置解除を経験する。

　前一回あったんですけど，すごいうちになついちゃった子がいて，児童相談所の方が「ちょっと来てくれる？」Z君っていうんですけど，「Z君ちょっと上に来てくれる？」って言ったときに，それがお別れなんですけど，本人も寂しくて離れられないから，そういう形で言って，ちょっと来てくれって言ったときにZ君が「ちょっと上に行ってくるから，待っててね。」って言って別れたんですよ。寂しいですよね，それは今でも思ってますね。こんな形で別れていいのかなみたいな，思いますね。それとか，僕が部活から帰って来たら，ああ，もう帰っちゃったんだ，みたいな，そんな感じですかね。

　Fさんは長期で委託されていた子どもが措置解除される際も喪失感を持つことを語っていた。

　Fさんはだんだんと里親委託される里子の理解の困難を覚えていく。

　なんで一緒に生活しているのに親に似ちゃうのかなっていう疑問がありました。人が環境で変わって欲しいなって。結局一緒に住んでいなくても親に似ちゃうことが多いなって思って，なんていうか，DNAを環境で変えたいなって，変えるためにはどうすれば良いのかってよく考えます。

里子の問題行動が里子の実親と似ている現状を里親養育の中で感じ，それがなぜなのか，と考えることで，進学先で子どもの福祉を学びたいと思うようになった。

Ｆさんはその後，福祉系の学校に進学することになる。

⑦Ｇさんの結果（小学校高学年）

Ｇさんは両親の里親登録に際しあまり記憶がなく，里親養育で生活する環境が変わる不安を持っていた。

> そうですかね，どういうのだったかな。うーん，されたんだと思うんですけどね，あんまり覚えてないですよね（笑）引っ越すことって，○○に行くっていうことは何かやっぱ強くて，そんな△を離れるっていうのがあんま考えられなかったのかと。

Ｇさんは里親養育を始めるにあたって引っ越しすることを両親に告げられた。引っ越しに抵抗を感じていたが，その後新しい地域で里親養育が開始され里子の委託（OPP1）があった。

Ｇさんは里子が委託されることを，妹弟ができる喜びだったと語った。

> やっぱ下の子が来るのは何か新しい妹とか弟とかできるみたいな感じで，何かそんな抵抗なくけっこう，どっちかっていうと喜んで迎え入れてたと思うんですけど，当時はけっこう。

Ｇさんには実のきょうだいがおり，同じような感覚で受け入れていた。しかし，委託が開始されると，徐々に里子の大変さを知ることとなっていく。

> それで来てからいろいろ何でしょう，その子の大変な面とか見て，だんだん「ああ，何か普通のきょうだいとはちょっと違うのかな」っていうのが，分かってきたのかなというか。最初はやっぱ本当に自分のきょうだいが増える感覚だったと思うんですよね，単純に。うーん，何でしょうね，その最初にきた子が結構，あんまり具体的には覚えてないんですけど，結構変わった子だったんですかね。何か結構その子には怒ってたんですよね，当時は何か。物取ったりするのもあったんですかね，結構。そういうのでも怒ったりしてたのかなっていうか。

Ｇさんは最初に委託された子どもの大変さを感じ，里子に当たる経験があった。

何か嫉妬とかがあったんですかね，はっきり分かんないんですけど。当時やっぱりちょっと何か，うーん，あったのかな，その子に対して何か。当たってた，けっこう当たってたような気がするんですよね，やっぱりその子にけっこう。

　Ｇさんはきょうだいの物を取る行動を示す里子を受け入れるのが難しく，当時を振り返って当たっていたと語っていた。

　また，Ｇさんは里子の行動に驚く（OPP2）ことを次のように挙げた。

　ご飯を食べる態度とかで，何かすごい，まずそうに食べてるというか，すごい食べる気ない感じで，ダラダラ食べるとか，そういうのも入れるとやっぱいらいらしてくるんですよね。

　Ｇさんは里子が物を取ったり，ご飯を美味しそうに食べなかったりする行動を受け入れることが難しかった。それはＧさんの家庭で以前から守られてきた習慣が変わっていくことだった。

　そのような里親養育を行う生活で，Ｇさんは親を心配することが増えていった。

　その子が結構手がかかって，たぶん親もけっこう苦しんでたんですよね，当時はもう。

　親が子どもの養育に手がかかっていることを同じ家庭の中で見聞きすることをＧさんはとても心配した。そしてその後里子の措置解除があった。

　里子が措置解除されたことで，Ｇさんは安心する。

　何かやっぱり辛かったんですよね，一緒に暮らしてるのがもうその当時は。だからまあ，もういなくなる，違うところに行っちゃうって聞いたときは，うーん……うーん……やっぱちょっと安心してたのかもしれないですね，当時は。

　両親への心配，里子の行動，Ｇさん自身の感情などがあり，一緒に暮らしていくのがつらく，措置解除によって安心を得たが，同時にＧさんは罪悪感を持つようになる。

　前はもし会ったらやっぱり，けっこうきつく当たってたと思うので，もし会ったら謝ったほうがいいかなとかちょっと思ってたりはしてましたかね。

　Ｇさんは里子に謝った方が良いのかと感じていた。Ｇさんはそのような生活の中で中学校ぐらいになると親の相談を受けるようになる。特に母親との会話

第3章　里親養育の開始の際の実子の年齢による意識変容のプロセス　*91*

が多いことを語っていた。

> 相談はまあ，そうですね，特にやっぱ母親からはけっこうされてますね，よく。

　また，Ｇさんの家庭は両親と実子だけで会議を持つことがあり，その中で親からの相談やＧさんやＧさんのきょうだいの気持ちを聞かれることがあった。

　高校生に入るころになると，Ｇさんは自分の趣味に没頭するようになる。

> 何か昔はけっこう一緒にいる時間が多かったっていう感じで，結構かなり一緒にいたんですけど，自分が高校ぐらいになってからあんまり一緒にいる時間が少なくなってきて，それでだんだんそんなに，そうですね，一緒に遊んだりすることも減ったし，話すこともそんなになくなったっていうのはありますね，そんなには。

　Ｇさんは中学生ぐらいまでは里子と一緒に遊んだり話したりしていることが多かったが，成長するにつれ食事などの時以外は部屋にいることが多かった。

　また，地域や友人と里親について話すことは少なく，周囲と関わりたくないと感じていた。

> 周りでも何か特別な目とか何か，何でしょう，変わった目で見られるのが嫌で，どっちかっていうと何かそういう関わらないっていうか，あんまり積極的にそういう言ったりも関わったりもしない，しないようにしちゃってますかね，もう昔からあんまり。

　Ｇさんは例えば家族で外食をした時に，年齢の離れた里子が騒いだりすることで周囲の視線を感じ，それが苦手だった。自分から周囲へ家族のことなどを話すことは少なかったとしている。

　また，里子が大きくなるにつれてＧさんは里子の理解の困難を覚えるようになる。

> ほとんど自分自身にやられるっていうことはそんなほとんどなかったと思うんですけど，うーん，やっぱり何か人に迷惑かけたりして，そういうのですかね，どっちかっていうと。迷惑かけたりしてて，何かそういうことしてたりするのが何かショックっていうか，うん，何でしょうね。難しいですね。

　Ｇさんはその後，高校を卒業し，福祉系以外の学校に進学することとなった。

3）中学生の時期からの委託

⑧Ｈさんの結果

　Ｈさんは中学に入ってから両親が里親養育を始めた。最初の里親制度への理解についてＨさんは次のように語っている。

> 　本当に何をするのかよく分からなかったんですよね。何をするのかがよく分からなくって，とりあえず子どもが来るからと。で，私の勝手なイメージで，その，今まで施設の子たちを知っていたので，あんな感じなんだろうなと思っていたんですね。

　Ｈさんは両親が里親を始める理由は聞き，里親をするということはわかっていたものの，その里親がどういったものなのかということを十分に理解していなかった。また，Ｈさんは親族が児童養護施設で働いていたため児童養護施設の子どもたちを少し知っていた。そのため，施設と同じような感覚でいたとしていた。児童相談所で里親について次のような説明を受けたという。

> 　（施設の子と）ちょっと違うなと思ったのは，児相に初めて行って，面接を受けたんですよね，親子面接，親と子で。で，そこで女の人から「里親さんになるけれど，大丈夫」って聞かれたんですよね。大丈夫だったか，何か，いいみたいな。そこで何か，何聞いてるのかよく分からないよねと思って，「はい，はい」みたいなそんなことをしてた気がしますね。

　児童相談所で里親認定の際に面接を受けていたＨさんだったが，その説明や質問に関して「何を聞いているかよく分からない」状況だったと述べている。

　そして，Ｈさんの家庭には里親登録後比較的早く最初の子どもが委託された。

> 　全然，もう家事に手が回らないときはやらなきゃいけないんだろうなと思って手伝いもしなきゃなと思うし，早く帰ってきてって言われれば早く帰っていかなきゃいけないんだろうなとか。もう全然変わりましたね。それまでの生活は割と自分の生活に，部活だ，学校だ，塾だっていうことにすっごい集中，ま，当たり前なんですけど，それにいっぱいいっぱいになっていた中で，それがやっぱりすっとぶぐらいでしたかね。

　Ｈさんにとって里子中心の生活への変化が日常生活に大きな影響を与えることになっていった。

　Ｈさんにはきょうだいがいたが，Ｈさんより年上であった。そこに，委託児

第3章　里親養育の開始の際の実子の年齢による意識変容のプロセス　*93*

童が措置されたことはそれまでのHさんの家庭内の立ち位置，末っ子という位置を変化させることになっていく。

> きょうだいはもう18歳で家を出ているし，カテゴリー，家族のカテゴリーの中で大人ゾーンなんですよね，完全にきょうだいは。で，両親とも対等にこう相談をし合える。でも，まだまだ私は高校受験前で子どもカテゴリーなんですよ。で，子どもカテゴリーに一緒にしないでみたいな。

Hさんは養育の大変な委託児童と同じ<u>子どもカテゴリーへの拒否</u>をするために，<u>優等生になろうとする</u>ように行動したと語った。

> 中学校のときとか，自分でもびっくりするぐらい頑張っていて，弁論大会で優勝してみたり，生徒会長に立候補してみたり，学級委員をやってみたりとか，すっごい優等生を頑張ったんですよ。

Hさんにとって，実のきょうだいや両親から離されて，委託児童と同じ子どもの役割に入ることに拒否感があった。

委託児童がさらに委託されると，里子の行動に驚く（OPP2）ことが増えていくことになる。

> このZ（里子）は過食がひどくって，何でもずっと食べ続けるんですね。で，一時，過食は好きなだけ食べさせてあげたら治まりますよって言われてた時期があったじゃないですか。なので，それも一応信じて，ある程度食べれば落ち着くって言ってるから食べさせてあげなよっていって，何でも食べさせたんですね。本当に何でもずっと食べていて，で，もうこっちが見てて気持ち悪くなるぐらい食べていて，で，その食べ方も異常だったんですよね，すっごい執着をしていて。

委託児童の過食の行動がその後治まらずさらに悪化をたどるようになり，Hさんはそれが<u>里子への嫌悪感</u>に繋がっていく。

> 何かもう，かわいいなんてこれっぽっちも思えないし，また何かやるんじゃないかって常に思っていて。愛情とかっていうよりは，もう本当に毎日，いつ，いつっていう感じの，どうする，どうするっていう毎日だったですかね。

Hさんはそのような混乱した生活の中で高校に進学する。この高校に進学した際に，子どものカテゴリーからの変化が出てくる。

> 高校に入ってから，だんだんそっち（養育者側）にも入れるようになって，

自分の中で完全にカテゴリーが養育者側に回れたみたいな，勝手に思ってたので，そこから，そこからですね，私も子どもたちに対応が変わったのが。でも，完全に高校生で養育者になんかなれるわけがないので，怒ることしかできないし，「あんた何やってんの」って言うことしかできなくって，この子に関しては結局きつかったと思います。（中略）親がそう言ってきて，1回けんかしたんですけど，「あんたは親になんなくていいんだから」って。「きょうだいでいなさい」みたいなことを言われたことがあるぐらい，多分，一生懸命養育者になろうとしてたんだと思いますね。

　この養育者側への変化は高校生のHさんにとって負担だったと考えられ，その後その生活に疲れていくことになる。高校の生活を振り返ってHさんは次のように語った。

　遅く帰ってきたりとか，家出まではしませんでしたけど，服装が派手になるとか，やりたいことをやって，家の用事なんて知らねえみたいな，そんな感じ。だから，完全に多分そこでのカテゴリーを変えてくれという意思表示はしてたと思います。

　Hさんは養育者側に立つことでのカテゴリーに疲れ，そのような状況を受け入れるのをあきらめる経験を語っている。しかし，そこには委託児童と同じではなく実子個人としてのカテゴリーにいたいという願いを抱いていたことにも繋がっている。

　また，里親養育の状況を受け入れるのをあきらめる実子の姿もあった。

　もう全然，完全慣れてました。うちはこういうもんだって思ってました。この子（の措置）が終わってからぐらいは，もううちはいつも来てもおかしくない家でっていうことですかね。で，何かそっからすごい，何て言うんですかね。よく，ほら，家族旅行に行ったとか，それは無理だろうなみたいな。いつ来るかも分からないし，誰が，どの子がどうなるかも分からないし。

　Hさんは家族旅行に行くことができないことや子どもの委託が中心で生活を送っていることをあきらめている語りである。

　そして，Hさんは言えないことを言うための進学を目指すことにする。言いたいことというのは里親養育に関してのHさんとしての意見であった。家庭内でも家庭外でも，Hさんが経験した里親家庭での経験についての意見を言う場

がなく，社会福祉士を取得することによって意見が言えるのではないかと考え
たということだった。

> 多分，これ家族にもあんまり言ったことないんですけど，そこで私が社会福
> 祉士を取れたら，ある程度認められるみたいな，家族の中でも。（中略）私も
> きっと私の意見として認められる。で，社会福祉士っていう資格を持っての発
> 言っていうのはきっと影響力があるだろうと思って大学に入った。

　そのような考えを持ち，Ｈさんは高校卒業後福祉系の学校に進学することに
なる。

⑨Ｉさんの結果

　Ｉさんは里親養育を始める前に，親の希望の理解をしていた。

> 貧しい子どもたちが，テレビで報道されるのを見て，日本にもこういう子ど
> もたちがいるっていうので，何かこういう子どもたちに何か自分の家に来ても
> らったら何かできるのになみたいなことを考えてるっていうのから，それでど
> うっていう感じでしたね。

　Ｉさんの両親は国外の子どものテレビ番組を見て，日本でも何か子どもたち
のためにできるのではないかと考え，里親養育をすることを決意し，Ｉさんに
提案した。
　その後，里子の委託（OPP1）があった。初めての委託が開始されると，家庭
内の雰囲気の変化が起きる。

> 結構みんながその子に対してピリピリするようになったっていうのがあって。
> はい，それはあります。（中略）やっぱりすごく生活の仕方が違うので，それ
> で何か，その，それに耐えられなくって，それでお互いにぶつけるし，親も結
> 構怒るしみたいな感じで，結構ピリピリしてたと思いますね。

　そのような家庭内の雰囲気とともに，自分が育てられた際の親の養育と委託
児童への親の養育の変化も感じるようになった。

> 随分優しくなった。私たちのときはもっと怒ってたよなっていう感じがあり
> ます。だけど，やっぱり普通に，ただ怒って育ててても育たないというか，怒
> るだけでは，あの，駄目な子たちなので，あの，やっぱり全然，養育の仕方を
> 母自身も学んで，学んでいたし全然変わったと思います。

　そのような生活の中でＩさんは自分自身との葛藤を持つようになる。

自分自身との葛藤ですよね。その，受け入れられる自分と受け入れられない
自分がいるっていう，その葛藤ですね。それはありましたけど。うん。特に初
めのころはもう受け入れられない自分が多かったです。

　Ⅰさんが中学生の時に委託児童の養育を開始し，それまでの家庭環境，親と
の関係，親の養育の方法と変化していく中で自分自身がその変化を受け入れる
まで時間がかかったと語った。

　そして１人だけではなく，複数の養育が始まるとさらに里子の行動に驚く
(OPP2)ことが多くなっていく。

　普通では考えられないなっていうようなことが平気で何かやっちゃうのがび
っくりしました。

　しかし，複数の養育になると最初に受けた意識とは異なるものがあったと語
った。また，年齢についても語り，Ⅰさんは自分自身が小さい子はかわいいと
感じたことを次のように述べた。

　自分自身の態度がもう違う。こう，受け入れる態度に多分なってたと思うの
と，あとはすごく年齢がまだこの子たち小さいので，受け入れやすかったって
いうのが，かわいさのほうがまだあってっていうのがあったと思います。

　Ⅰさん自身は徐々に里親家庭での生活に馴染んでいったが，Ⅰさんのきょう
だいが里親養育を受け入れない状況があった。

　きょうだいのほうは結構，やっぱり，何ていうかな，自分の，こう何ていう
か，（里子が）うるさいので，この子たち。結構にぎやかなので，それで結構，
うるさいって思うことがあって，結構きょうだいのほうが感じてたところがあ
ったかなと思います。

　Ⅰさんは里親の養育に携わるようになっていくが，その中で委託児童の背景
や状況に応じていくことに適応していくようになった

　私結構，ひらがな教えたり，結構いろいろ頑張ってたんですね。だけど，結
局やっぱできないし，向こうにもそういう気持ちはないしっていうので，お母
さんに，あの，「そんなに自分が，あの，一生懸命やってもできないことはで
きない」って言われて，あの，そのときに，あー，受け入れなきゃって，そう
いうことは思いましたけど。

　またⅠさんは複数の委託児童を受け入れる中で，委託児童の中で好きな子と

第3章　里親養育の開始の際の実子の年齢による意識変容のプロセス　97

嫌いな子がいることに<u>罪悪感と諦め</u>を持つようになっていく。

> ただ，自分の中で好きな子と嫌いな子がいたりするんですよ。こいつはちょっと嫌だなって思う子と，かわいくて大好きだっていう子がいるので，そこがちょっと自分の中でああ，悪いなと思うんですけど，でも，しようがないかと思って。

　Ｉさんは中学からこのような里親家庭で生活を送った後，福祉系以外の学校に進学する。

⑩ Ｊさんの結果

　Ｊさんは中学に入る前に母親からある夢を聞かされていた。そしてＪさんの両親はその夢を叶えるために里親になることをＪさんに告げた。

> 寂しい思いをしている子どもたちの，お世話をしたいっていう言葉をずっと母は口にしていて。で，ある日ころっと，「ちょっときょうだいが増えるんだけどいい？」って聞かれて。「ああ，いいよ」っていう。今思えば，他の子たち（自分やきょうだい）はどう思うかななんて考えもしなかった。「あなたそれでもいい？」って聞かれて，「ああいいよ」って。ただそれだけ。

　Ｊさんは<u>母親の希望の理解</u>を小さいころからしていたといい，里親制度に関して十分に理解はしていなかったが親の希望は理解をしていた。その話があった後，比較的早くに 里子の委託（OPP1） があった。

　最初の委託の際の状況をＪさんは次のような心境だったと語った。

> 帰ったら赤ちゃん来てるからねって言って，送り出されて。帰ったら，わー赤ちゃん来た，ほんとにーっていう。

　Ｊさんには年下のきょうだいがおり，委託児童を受け入れる際も<u>きょうだいが増える感覚</u>で受け入れていた。

> 無意識のうちにお姉ちゃんしてたし。無意識にしていたんですよね，きっと。

　最初に委託された子どもが小さかったこともあり，Ｊさんは下のきょうだいと同じような接し方ができ，それは<u>無意識</u>だったと語った。

　しかし，Ｊさんは里親制度を<u>社会に理解してほしい</u>と願うようになっていった。

> （里子が）来てからだ。なんか学校の，テーマの自由な作文とかに，里子のことを書いてたんですよね。里親制度というものがあって的な書いて。うん。

外にこう，出したいっていう気持ちがあったんだろうなって。

　Ｊさんは中学生の時に里親制度について学校の作文に書く行動をしている。

　委託児童が大きくなるにつれて，里子の行動に驚く（OPP2）ことが増えていく。特に驚いたことのエピソードとして，Ｊさんは次の場面を語った。

　幼児で家に来たＹが，あまりにもかわいくない態度をとりまくったんですよ。何だろう。（中略）コロッケをね，びゃーんと投げて。そう，コロッケを投げたんですけど。こうなっちゃうんだって，いつも思いながら。

　その際，Ｊさんは非常に驚いたが，子どもの養育の重要性を感じたと語っている。そして，その後，Ｊさんは委託児童を再度引き受けようとする親に疑問を持つ。

　もう１人いこうかなと思ってるのよーみたいな。こう，独特のこういう説明で。うーん。えっ？て思ったけど。何だろう。私。まあ一人の子がいるのに，あのー，次の子に行くなんてって。なんか。

　Ｊさんは，母親から別の委託児童を引き受けることを相談されたが，１人の子どもを養育することが大切だと感じ，親の対応に疑問を持った。

　しかし，その頃になるとＪさんは自分自身の進路を考えることになり，一般企業に就職することを決める。

４）社会的方向付けの結果

　TEM の概念である SG/SD のうち，SG は全体共通のものがなかった。SG においては個別の記述でこれまで述べてきた。しかし，SD に関しては協力者に共通して大きな２つの点が挙げられている。

SD1：里親制度の認知の低さ

　里親制度の認知の低さは，実子が成長するほど実子が感じ取っていく語りが増えている。就学前の実子は里親制度に関して十分な理解がないからこそ，社会が認知しているか，していないかを考えることはほとんどない。しかし，小学校高学年や中学生になると，社会において里親養育をしている家庭が日本において珍しく，時に周囲の人が里親と養子を混同していたり，子どもの背景に関して間違った認識をしたりすることで，実子が困ったり，憤りを感じたりする経験をしていた。そうした経験を通して，実子が友人や社会に対して里親について知って欲しいと願う一方で，両親の里親養育の不安や心配を他者に伝え

ることが難しいと感じていた。そして成長するにつれて，周囲の声も併せて感じるようになる。

SD2：里親制度への称賛

　中学生になるころには，実子が里親制度の意義を少しずつ理解できるようになる。そして同時に社会の人々がどのように里親制度を理解しているのかを「称賛」する言葉で聞くことが増えていく。制度の内容を十分に理解されないのにも関わらず，「偉い」や「すごい」というイメージを持たれる里親に対して嫌悪感を持つ実子がいる一方，それを嬉しいと思う実子もいる。里親養育を「普通」と感じている実子にとっては，そういった里親制度への称賛により自らの意識とのギャップや周囲との認識の差に戸惑うこともあった。

（3）高校卒業後のプロセス

1）プロセス全体の結果

　高校を卒業後，進学か就職をする際に里親家庭から離れて暮らす実子と実家から通学や通勤をする実子がいる。進学先での新しい生活や仕事をする中で，実子はさまざまな影響を受けて生活を送る。その際，「親の期待を受ける」，「里子から影響を受ける」，「社会の影響を受ける」の3方向が挙げられていた。その影響から，再度子どもに関する勉強をし直す選択や，子どもに関わる仕事をすること，子どもに関わらない仕事をすることなど分岐していた。しかし，どの実子も親のサポートをしている。このサポートとは，先に述べたように養育を手伝うことだけではなく遠く離れた親からの相談を受けることも含まれている。

　家を離れた実子は実家との距離感に客観的になり安堵感を得る一方，新たに離れて住む親や子どもの心配をしていた。反対に，里親家庭に残った実子は養育により関わっていく姿があり，養育に関わる中で子どもの時期とは異なった感覚で親や子どもたちを心配していた。その環境の中で里子や親から頼られたい気持ちを持つ実子が一方，実家にいることが苦しくなる実子もいた。そして，過去の自分の気持ちに向き合うことを通し，「里親」との付き合い方を考え選択したうえで，「里親」と関わる生活を送っていた。（参照：図3-2）

　高校卒業後の本研究の意味は表3-5の通りである。

2）エピソードごとの結果

実子は高校卒業後，それぞれの進学先や就職先に進むことになる。その際，里親家庭から離れて暮らす場合と，実家から通う場合がある。それぞれの生活の中で〈実子が受ける影響（BFP1）〉が挙げられていた。

進路や就職の選択の際に①親の期待を受けることを挙げていた実子は次のように語った。

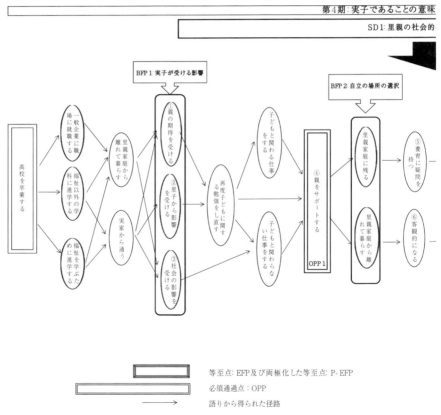

図3-2　実子の成長過程のプロセス（高校卒業後）（2頁中の1；左）

第3章　里親養育の開始の際の実子の年齢による意識変容のプロセス　101

> 里親のことを自分も知らないし，周りはそれ以上に知らないなっていうのを思ったところで，もうちょっと深めたほうがいいかなって思ったのと，あと，親からも期待はあった。児童福祉系の研究をして，あわよくばそのまま進んでほしいみたいな。

親から児童福祉系の研究をしてほしいという期待があり，進学することにしたという語りである。また，別の実子は母親が里親養育を手伝ってほしいと願

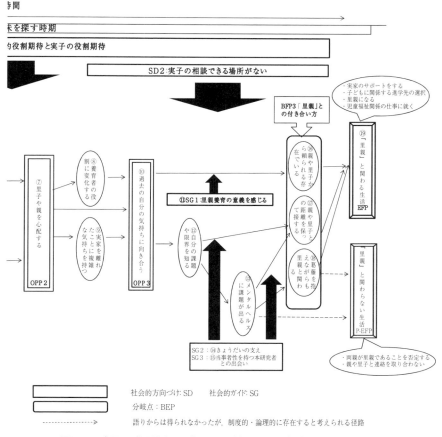

図3-2　実子の成長過程のプロセス（高校卒業後）（2頁中の2；右）

っていることを語っていた。

> 　何か，母は，帰ってきてくれたら助かるって言うんですけど，私も別に，私もそれは，あの，反対じゃなくていいかなと思ってるんです。

　この親からの期待もあり，今後子どもに関する勉強をしたいと考えていると語っていた。

　親からの影響よりも，②里子から影響を受ける実子の語りは次の通りである。

> 　なんかそれだったらほんとに勉強したいことできないなと思って，いずれやっぱ子どものことをするのだったら資格がいるってことで，移ったんですよね。
> 　だからそれまでその，まぁさっき言った当たり前の生活だと思ってたことを，ある程度，子どもとも関わってるから，ある程度の関わりはできるんですよ。でも，知識が全くなかったんで，やっぱり勉強しなければいけないなと思って，やっぱり勉強して裏付けっていうか，それをしていきたかったっていうのもある。

　この実子は委託児童との関わりの中で影響を受け，子どもに関することを勉強したいと考えていた。また別の実子も大学選択の際に子どもからの影響が強かったということを語った。

> 　親と話してて，親と「里子ってこういう，こう，こうだよね。」とか「深いよね。」とか話しているじゃないですか。話しているうちに，個人的にもやっぱり，でも，確かに性格，この子こうだからな，性格直したりするにはどうす

表 3-5　TEM の用語と本研究における意味（高校卒業以降）

用語	本研究における意味
等至点（EFP）	「里親」と関わる生活
分岐点（BFP）	1．実子が受ける影響 2．自立の場所の選択 3．「里親」との付き合い方
必須通過点（OPP）	1．親をサポートする 2．里子や親を心配する 3．過去の自分の気持ちに向き合う
社会的方向づけ（SD）	1．里親の社会的役割期待と実子の役割期待 2．実子の相談できる場所がない
社会的ガイド（SG）	1．里親養育の意義を感じる 2．きょうだいの支え 3．当事者性を持つ本研究者との出会い

ればいいんだろうなとか，人間の何か……どっちかっていうと，福祉もアレですけど，心理的な感じから，心理学的な感じから何か，そういうところから．

　さらに，③社会の影響を受けるでは，委託児童が中心ではなく里親養育から受けた自分自身の意識や考え方の影響を語っていた。

> 高校生のときとかはそんなになかったと思うんですけど，だんだんそういう気持ち（子どもに関わりたい）が強くなってきて，まあ，そうですね，けっこうたまたまなんですけど。まあ，そのときは最初何か別に今の職場だけじゃなくて何でも，何のバイトにしようかなって迷ったぐらいだったんですけど，でも○○で働くのも何かいいなって思って。で，働いてみたらやっぱりけっこう，好きになっちゃったんですかね，うん。

　また別の実子は，子どもに関わる仕事をするきっかけになったのは

> 根源的に，その実子のときに思ってたりとか，考えてて，でも，見てるだけで，言いたいけど言えなかったことをずっと言いたかったんだと思うんですよね。で，その言うためのバックアップというか，何て言うんですか，肩書が欲しかったんだと思うんです。

と語っている。これまでの里親養育での経験を活かしたい意識より，言えないことを言うために進路や就職をバックアップするという意識を持っていた。

　どの実子も成長するごとに④親をサポートする（OPP1）ことを語っている。

> やっぱり生活やりくりなので，じゃ，この日には誰が何時にいるとかってなるわけじゃないですか。親が出かけたいときには子どもがいなきゃいけないしっていうのを未だにやってるので，「じゃ，お母さん，日曜日出るから，あんたいる，家に」って。「うん，わかった。じゃ，そこは空けとくよ」みたいなことになると，不自由は不自由じゃないですか。

　実子はこのように里親養育の一部を担い，両親と共に子どもの養育を行っていることが明らかになっている。実子が成長してから年齢の小さい委託児童を養育するということは一般家庭においてのきょうだいと関わることとは大きな違いがある。

　また，物理的なサポートではなく，親の相談を受けることも実子は多い。

> 子どもの進路とか，あとはちょっとした問題が起こったときの解決方法だったりとか。やっぱり考えが合わないところもあるので，「いや，それはこうし

たほうがいいんじゃないか」みたいなところを言ったりとか。ただ，ま，基本的にこっちから言ったことは聞き入れられないんだけど，ただ向こうから相談されることもある。

　委託児童の進路に関しての相談の語りであるが，他の語りとしては委託児童の行動について，委託児童の自立について，委託児童同士の関係についてなどであった。

　そのような生活の中で実子は〈自立の場所の選択（BFP2）〉をする年齢に至る。ある実子は里親家庭に残る選択をし，別の実子は里親家庭から離れて暮らす選択をする。

　生活の場所に関わらず，実子は両親の⑤養育に疑問を持つと語った。

　結構両親は放任系だから，もうちょっと関わった方がいいんじゃないかみたいなところとか，やっぱり甘いのよね，子どもに対して。もっと厳しいほうがいいんじゃないかみたいなところは思うことも多々あるんだけど，

　物理的に里親家庭から離れて生活することで実子は⑥客観的になることになる。

　多分離れて暮らしたから，ちょっと気持ちが落ち着いたのかなみたいな。（中略）離れて暮らしたから，割と，こう気持ちが楽になったというか。

　複雑な意識を持つ中での物理的な距離は実子に客観的な意識を持つ時間を与え，それが余裕につながることも示していた。

　きっと家のゴタゴタ，やっぱ人と人がいれば何かしらあるから，一人の気楽さはあるなって思う。

　しかし，その疑問や客観的な時間の中でも実子は⑦里子や親を心配する（OPP2）。

　みんな心配ですね。やっぱ家庭の状況がすごく複雑なのと，ま，子ども自身の状況と。で，ああ，どうなるかな，ちょっと心配だなっていうのは結構あります，はい。

　スウェーデンの実子の調査の中で，実子が里親家庭で育つ中で持つ心配に関する問いの答えで多く挙げていたのが，委託児童の自立や実親との関係という結果が出ている（Hojer, 2007）。委託児童に関することだけではなく，家庭の状況を心配する声が本研究の中では多く示されている。

第3章　里親養育の開始の際の実子の年齢による意識変容のプロセス　*105*

　母親はもっと，こう，何だろう，おおらかな人だと思ってたんですけど，こんなにこう，きーっとなったり，すごい怒鳴ったりとか，不安定になるって思ってなかったですね。

　また，里親になった両親の変化も実子は目の当たりにしていた。両親の養育に対する状況の変化にも成人した実子はある意味客観的に捉えることができ，両親や委託児童に対し心配する気持ちを持っていることが理解できる。

　自分が，うーん，何か寂しく思った気持ちを思い出したんですかね。思い出してなのか，もうそれ以上預かるのは，もううちの家族のバランスが崩れるんじゃないかっていうのと，多分，どっちかっていうと，この子の心配をしたんですよね。何かちょっとあんまりぼやっとしか覚えてないんですけど，何かまた預かることによって，親の目が，Mまで。こう，まだちっちゃいのに行き渡らないんじゃないかと思って。その状態で預かるのは，Mにもよくないと思うし，この子たちにもよくないし，もし，何か，その，家族全体がいっぱいいっぱいになっちゃうんじゃないかっていう気持ちがあって。

　また，委託児童がさらに委託されることを心配する実子もおり，過去の自分の対比をしながら里親家庭を捉えていることが理解できた。

　そのような親のサポートをすることは実子にとって保護者になるような感覚であるということも示されている。

　だからもう半分保護者。多分，このころからはもう両親が出掛けるときとかに，「あんた，この時間いる」みたいな感じで，「出掛けるからちょっと見ておいてほしいんだけど」みたいな，頼まれることが結構あって。そうすると，もう保護者の目線になってくるじゃないですか。何か，この時間はいてほしいんだみたいな感じで。何かもうそういう感じで，こう，家庭というか，施設の子，見る側の，里親側の立場にどんどん引っ張られる感じがあって。そうですね，そんな雰囲気でしたね。

　実子はこのようなケア役割を通して，里親家庭で子どもの役割から⑧養育者の役割に変化することが明らかになった。

　また別の実子は，委託児童の言葉から気づかされたということを語った。

　多分大学生の頃だと思うんですけど，普通に台所でご飯食べてて，Kに「（私たち）きょうだいだよね」って別に普通にいつもの言ったら，「え，きょ

うだいなの？」っていうちょっと驚いた感じで言われたことがあって，あ，子どもからしたらそうなんだ，僕らはその当たり前に弟とか妹とか思ってても，やっぱりKとか，やっぱりどっか，「いいのかな」っていう，そういう風に思って，どっかその遠慮じゃないですけど，どっかちょっと引いてしまう部分があるんだなと思って

　委託児童へ実子が「きょうだいだよね」と言った答えに遠慮が見えて，委託児童と自分の間の認識にずれがあると感じ，それは遠慮があるのではないかと考えたという語りだった。その後，この実子は他の年齢が離れている委託児童に対し，

> 　これが親的な視点なんだろうなって思いますね，やっぱり逆にそういう。Kらとは違った，やっぱり，Kが一緒に過ごした時間って，やっぱ高校とか大学だったんで。

　親の視点を持つようになり，委託児童の年齢差や過ごしてきた期間がきょうだいや養育者側に回る立場の変化を持つようになることを語った。
　一方で，⑨実家を離れたことへの複雑な気持ちを持つ実子もいる。ある実子は次のように語った。

> 　私も電話ではいろいろ聞いていて，たまに帰って様子を聞いたりとかしていた中では，母のこれは言葉だったんですけど，「あんたがいなくなってからね，変わっちゃったんだよ，ここ」って。「あんたはその子（里子）が変わるのも見てこなかったし，悪いけども，お母さんやっていけないわ」って言われたときに，ああ，私かって思っちゃったんですよ。自分が家を離れてしまったことによってもバランスを家族が崩したのかなと思ってしまったんです。それは家族がどう思っているか分からないけれど。必死になったんですよね。

　この実子は，就職のため里親家庭を離れ生活していたが，実子が里親家庭を離れた後に里親養育がうまくいかなくなった経験があった。その際，実子が里親家庭を離れたことを母親に指摘され，この実子もそれが原因だったのかもしれないと考えたという語りである。
　同じように里親家庭を離れて生活していた実子は

> 　その，やっぱ自分が直接一緒に住んでない子が来たりとか，そういう子の話とかを聞いていて，やっぱり一緒に住んでれば私が手伝えるっていうか，ま，

第3章　里親養育の開始の際の実子の年齢による意識変容のプロセス　107

> 何かしら力になれることもあるなっていうところで，話聞くだけでもどかしいなって。

と語っている。遠くに住みながら電話などで両親から相談を受けることがあるが，それに対して何もできない自分に対してもどかしさを覚えるということだった。

　そのような生活を送る中で，実子はだんだんと⑩過去の自分の気持ちに向き合う（OPP3）経験をするようになる。

> 実家から離れて一人になった時，家庭内の役割から外れることで，過去に考えていたモヤモヤを考えることになったんだと思う。里親家庭にいた時は狭い中で生きていた感じ。

　後になって気づいたという語りは他の実子からも聞かれた。過去を振り返ってから悩んだり考えたりすることは多かったと語っている。

> 何かこう，やってるときはそれで精いっぱいじゃないですか。もう毎日が精いっぱいで，この今の目の前をこう，何とかするのが精いっぱいで，やっと落ち着いてきて，過去を振り返るというか，実際に今度自分がっていう立場になったときに，あれが結構響いてんだとかになりますね。

　また，別の実子は大人になってからの振り返りについて以下のように語った。

> やっぱり（里親家庭から）離れて，やっぱりあれは家庭っていうよりかは施設だったなみたいな気持ちになって，居場所がなかったんだなっていう，何か当時の自分の気持ちにちょっと気が付いてからは，やっぱりこう何か，こう親に対して何かすごく不満はありますよね。でも，それがどんどん大人になってくればなるほど明確になってきて，すごい苦しくなったっていうのはありますよね。

　大人になっていくに連れて，実子は過去を振り返り，明確な気持ちに気づいていくようになると述べている。それは，友人や知人からの言葉で気づくことがあると述べている。

> （知人に）「寂しい思いしなかった」って言われたときに，ちょっとはっとしちゃうというか，「あ。やっぱそういうふうに思う人もいるんだ」と思って。あんまり言われてこなかったから，何か寂しい思いをするっていう概念があんまりなかったというか，そう自分は思ってたのは確かにあるんだけど，それが

他人も分かるようなことなんだっていうのにちょっとはっとして,「あ,そうですね」みたいな。「確かにそういうのもあったかもしれないです」っていうふうに素直に言えるんですけど。そういうとき,ちょっとはっとしますよね。

このような指摘をする知人や友人は実子の周りに少ないが,例えば子どもを育てている母親に言われることがあるとこの実子は語っている。「寂しい思いをする概念がない」という語りは,幼少期から里親養育が普通のこととして行われていることを示しているとも考えられる。また別の実子は,同級生から次のような指摘をされたと語った。

仲が良い友達からは「あんた,やり過ぎだよ」って言われてたんですね。「悪いけど,自分の同級生としてあんたを見て,自分も福祉を志してる身としてあんた見るけど,あんたさ,家のことやり過ぎじゃない」って言われてたときがあったんですね。それは私は全然自覚がないし,むしろ友人に食ってかかってたんですね。「いや,でも,里親家庭って本当にそうやって(実子が手伝って)いかないと回んないだよ」って。誰かがやんないと回んないわけでしょうみたいな話をしてたにもかかわらず,いや,冷静に考えて,本当やり過ぎてきたのかもしれないっていう。

ある実子は,⑪SG1：里親養育の意義を感じる 経験をしている。この意義があるという実感は実子によって受け取り方が異なるとも考えられるが,この実子は大学の授業を聞いて実感したと述べている。

大学の授業で里親についての話を聞いた時に,自分の体験がとても大切だと褒められた感じがしたんですよね。貴重な存在って言うか。

大学の授業を受けるまでも里親養育に対してポジティブに受け取り,さらに授業で聞くことによって実感したことをこの実子は語っていた。

しかし,その一方で⑫自分の課題や限界を知る経験をする実子もいる。

多分社会人になったぐらいには,何か気が付いたんですけど,もう何かそれより前からすごくこう気持ちがこう不安定な感じがあって。理由は分からないけど,でも,何やってもうまくいかないみたいな,自信が持てないみたいなのがあったんですよね。

実子は高校卒業してある程度の時間が経つと,気持ちが不安定になることや,自信が持てないことが自分の課題だと思うようになってくる。別の実子も以下

第3章　里親養育の開始の際の実子の年齢による意識変容のプロセス　*109*

のように語っている。

> 結局は，自分に自信がないっていう所だと思うんだけど。そこの人格形成って話がいくときっと関わってくると思うんだよね。だから，掘り返し過ぎるとよくないかなみたいな。っていうか原因をそこに押し付けてしまいそうで。それは嫌だな。良くないと思う。

子どもに関する勉強をしていくうちに，人格形成と環境に大きな関係があることで自分の家庭環境を対比させてしまうことは避けたいと語った。

その課題や限界が深刻であると，実子は⑬メンタルヘルスに課題が出るようになっていく。

> 一番私が今ネックなのは，里子の性的な行動だったんですよね。（中略）もうそれが中学生からしたら，もう吐き気がするわけですよね，うわーっと思っていた中で。で，甘えてくるのにも足にべとってくっついて，太ももの裏をこう触るようなことをする子だったんです。それが本当に気持ちが悪くって，これがね，私いまだにネックになってると思うんですよね。その，これ，自分の異性関係っていうか，受け入れられないという，受け入れられないというわけじゃないんだけども，自分が心をなかなか開けないっていうところはこれがあると思います。

この実子は，委託児童の性的な行動が元で今でもトラウマのようなものを抱えていることを語った。実子が委託児童の性的な行動によってトラウマを持つことは国外でも指摘されており，措置する場合には非常に大きな課題があると挙げられている。

さらに，別の子どもの同様の状況に居合わせたことでそのような行動を目撃してしまうのは自分が引き寄せてしまうのではないかと考えたとしている。

> もしかして彼らが悪いんじゃなくって，私がそういうのを引き寄せるのかもしれないと思ってしまったことがあって。

このことについて，社会的養護の関係者に相談した際に，「思春期だった」この実子が委託児童の行動を誘発させているのではないかと言われ，大きなショックを受けたことも語っている。また，その行動から

> （その里子と）似たような顔が本当に駄目で，いや，これはちょっと自分で自覚して，本当に今まで自覚したことなかったんですけど，自覚してかなきゃ

いけないかもしれないなと思うことですかね。

と過去の経験が大きな影響を与えていることを示していた。

　また，別の実子は精神的に苦しくなったことで体調に支障が出て仕事に行けなくなってしまったことを語った。

　何かそのころに，もう言葉にする以前に，もうそれが全然その気持ちに気付かなくって，うん。今何か結構その何か気持ちを引っ張り出してくれるのに，やっぱ自分じゃできなくって，あの，姉がすごく話を聞いてくれて，もうそれ以前に，もうどんどん体調が悪くなっちゃったんですよね。

　そのような時に支えとなったのが，⑭ きょうだいの支え（SG2） だと語った。

　お姉ちゃんに話して，そこですごい何か，「昔から寂しかったんだね」っていうふうに言われて，「ああ，そうか」みたいな。そうだったんだみたいになって。多分そうやって人に言われるまで気付かなくって，

　この実子は，姉が話を聞いてくれることで，自分の悩んでいたことを明確化でき，気づくことができたと語っている。

　また別の実子は，この調査で⑮ 当事者性を持つ本研究者との出会い（SG3） があり話をしたことを明確化のきっかけだと語った。

　○○が怖くなってしまうとかっていうのが言えたのが，山本さんに聞いてもらってからなんですよね。なので，自覚したのも去年のわけじゃないですか。

　また，別の実子も次のように語った。

　「ああ，私だけじゃないんだ」と思って，やっぱそこがすごく大きくって。私だけじゃないっていうのと，私の気持ちって間違ってなかったんだっていうのがすごく何かやっぱ大きくって。うん，間違ってなかったんだっていうやつですよね。何かそう感じてしまって当たり前，当たり前というか，「おかしくない環境だったんだな，あれは」っていうのに気が付いてからは，多分，その，きょうだいと話してるときとはまたちょっと違うんですよ。また，あの，家族じゃないまた別の方が来て，そのことを話してもらって，「えっ」みたいな。「あ，そうなんだ」みたいな，そういう感覚があったんで，何か家族以外の人とも共有できてんのが結構すごく新鮮で，何かそれがあってからは，かなりこう，何かちょっと開けたような気持ちにすごくなったんで。

　この2つの語りは，実子がそれまで里親家庭での悩みや相談を打ち明けるこ

とがなかったことや，実子の過去を改めて言語化し振り返ることがなかったということを示している。実のきょうだいがいる実子はきょうだいがその存在になり得ることがあるが，すべての実子に当てはまることではない。

そうした中で実子は〈「里親」との付き合い方（BFP3）〉を考えていく。

まず，一つ目に⑯里子や親から頼られる存在でいるという意識である。

> 何ていうかな，例えばお母さんに子どもが怒られたときに，小さい子なんかは助けを求めてくるんですね。お母さんには何も言えないけど，「ねえ，Bちゃん」みたいなところがあるかなと思ってますね。なので，お母さんが，あの，「あんたが帰ってきたら，あんたが優しいから，あの，何か，私に言えないことはあなたに言う」みたいなことは言われる。

この実子は，委託児童から頼られることに対し嬉しさを感じ，頼って欲しいと思っている。そして，将来は子どもに関わる資格を取得したいとも語っていた。

また，別の実子は，

> できるだけやっぱり何でしょう，力になってあげたいというか，助けてあげたりはしたいと思うんですけど，うん。ずっとでも面倒見てあげたいっていう，まあ，そういう気持ちはそこまでないですかね。その子が困ってたり，助け求めてたらまあ，助けてあげたいと思うんですけど，

と語った。

また別の実子は，次のように語っている。

> 多分，一番今思ってるのが多分今ここ，18才になって，まあ，家庭復帰ができる可能性が出た時に，ほんとに困った時になったら頼れるかなって思う，頼ってくるかなっていうそういう心配があって，だからそれはできるように本当に関係をつけとかないといけないなっていう，部分がありますねやっぱり。うん，だから母親には多分頼っていくと思うんですけど，とりあえずその他のきょうだいとかでもやっぱり頼れるような関係をやっぱり作っておきたいなとすごい思いますね。

委託児童の自立後を心配するだけではなく，困ったことがあったら頼って欲しいと考えていることが挙げられている。国外の実子の調査においても，実子が委託児童への心配する面として，自立後のことを挙げることが多いというこ

とが示されている（Hojer and Nordenfors, 2004）。

　他の立ち位置として⑰親や里子との距離を保って接するが挙げられる。この実子はある程度の距離を持って今後も接していこうと考えていると語っていた。

> 　里親に積極的に関わらないけれど，全く関わらないでいたいとは思わない。やっぱり里親を理解できる人は少ないから。たぶん困っている人（里親や里子）を見つけたら，手を出してしまうと思うんだよね。自分ができることの中に里親を理解するっていう気持ちがあると思う。

　そして，できるだけ距離を保つということは，物理的な距離も必要であり，ある程度近くで生活をしてしまうと里親養育に関わることになることが予想できるので，離れて生活をしたいと語っていた。

　また，他の実子は結婚によって里親家庭と距離ができたことによって，その距離があるからこそ，自分の家族の良さを感じたことを語っていた。

　そして，最後に⑱葛藤を抱えながらも里親と関わるが挙げられた。

> 　今も……，何か今もいいか，（里親が）なきゃないでいいんじゃないかって思っちゃいますね。やらなきゃいいんじゃないかって。嫌だったことは，本当にいっぱいあって，本当に基本普通じゃないな，うちっていう。普通じゃないんだなっていうところですよね。それを何か自分で受け入れるまでがしんどいし。いまだに受け入れられてないと思います。普通の家だったらもっと違ってたかなって常に思っていると思います。

　里親養育を受け入れることは，実子にとって容易なことではなくそれは成人後も続く可能性があることを示している。そして，里親養育の促進という社会の波に対して次のように述べた。

> 　私，里親家庭が推進しようとか，今，広めようって言うじゃないですか。全くその気持ちにはなれないんですよね。一切なれないんです。（中略）だって，この苦労をするんでしょう，みんなって思うんですよ。

　しかし，このように語った実子も，実の親である里親の養育を支えている現実があった。

　⑲「里親」と関わる生活（EFP）

　EFP に挙げた「里親」と関わる生活には，さまざまな関わり方がある。「里親」としているのは，里親養育のサポートや実子の両親である里親をサポート

すること，児童福祉関係の仕事をすること，里親になることなどが挙げられている。

里親になる実子の語りは次のようである。

だから私自身ずっと，はっきり言って里親やっぱりなりたいっていうふうに思ってたんですよ，その子どもと関わる，一番はやっぱり家庭でやっぱり，その，子どもを受け入れて，見るっていうのが，やっぱり一番理想だと思ったんで。

この実子は里親養育をプラスに捉えており，里親になりたいという希望を持っていた。また，別の実子は，

何か小さい赤ちゃんとか，そういう，小さい，何か弟，妹っていうのが欲しいってずっと思ってたので，何か，きょうだいとはちょっとまた違いますけど，何かそういう体験みたいなのが，ま，できてる気がして，ま，何か楽しくやれてるかなと思いますね。

と語り，今後は何かしら里親の支援をしていきたいという目標があるということを挙げていた。また，実子であることを良かったと思う実子の語りがある。

実子であることは貴重な体験で，それを活かして生きたいと思っています。実子で良かったって思います。

この実子は実子であることを貴重な体験と捉え，今後も里親家庭で培った人間関係を活かしたいと語っていた。

葛藤を持ちながらも「里親」と関わる生活を送っている実子は，葛藤の中でも子どもへの興味を持っていたり，子どもに関することを勉強したいと考えていることが示されていた。

BFP3の〈「里親」との付き合い方〉には先に述べたように３種類の立ち位置がある。インタビューから，その立ち位置には実子が持つ親の里親養育への肯定感と自己表現をできる相手の存在が深く関係していると考えられた。以下の図がその立ち位置を示したものである。（参照：図3-3）

Ⅰ：里子や親から頼られる存在でいるということは，親の里親養育に肯定的であり，親とのコミュニケーションを持っている語りが多く見られていた。そこには会話の多さだけではなく，実子が里親養育から得られたものを理解し語り，親を尊敬していることが現れていた。

次に，Ⅱ：親や里子との距離を保って接するということは，親の里親養育に理解を示しながらも，疑問視したり否定的な部分を持ち合わせていたりするアンビバレントな立ち位置であると言える。また，自己表現を親とのコミュニケーションだけではなく，スポーツや芸術などの趣味の中で表現することやきょうだいや友人へ表現をしていることが挙げられた。

最後に，Ⅲ：葛藤を抱えながらも里親と関わるということは，里親養育の意義や内容について理解はしているが親の里親養育には否定的な傾向があり，実子自身の感情や悩みを表現する相手や手段がない場合が挙げられた。しかし，精神的に大きな課題を抱える場合きょうだいの支えや同じ実子との語り，あるいはカウンセリングなどの一部の場所で本音を語ることができることで，精神的に大きな課題を抱えつつも，里親養育に関わらない生活を選ばないということも考えられる。

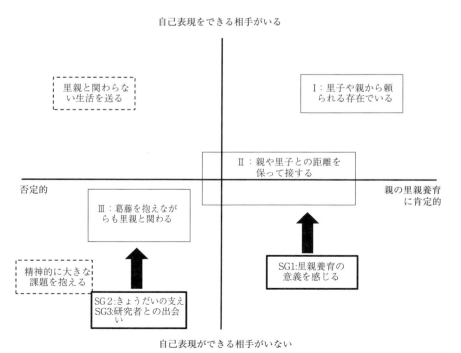

図3-3　高校卒業後のBFP 3：「里親」との付き合い方のマトリクス

3）社会的方向づけの結果

SD1：里親の社会的役割期待と実子の役割期待

厚生労働省の里親についてのインターネットのページには「里親制度は，さまざまな事情で家族と暮らせない子どもを，自分の家庭に迎え入れ，温かい愛情と正しい理解を持って養育する制度です。」と説明されている（厚生労働省サイト）。温かい愛情を持つということや正しい理解を持ち，愛着関係の中で養育を行う役割期待を里親は担っていると言える。

また，里親に実子がいる場合，実子の養育がうまくいっていることを前提に里親養育を始めることがほとんどだろう。役割期待は実子にも求められていることがある。山本（2013b）は実子の先行研究から実子の役割として，①里親をサポートする役割，②きょうだいとしての役割，③家族の役割調整をする役割を挙げている。実子は親の社会的な里親の役割を感じたうえで，家族内の役割期待を背負っている。成長過程やライフイベントで起きるさまざまな葛藤や自らの悩みを持っても，それを相談する場所がほとんどないということがさらに実子の葛藤を深くするものである。

SD2：実子の相談できる場所がない

数名の実子の語りから，実子の相談できる場所について述べられている。

> あの時に関わったときは，本当に自分のことを聞いてほしかったですね。私こんなにひどい思いしてんだけどみたいな。こんな大変な思いしてるんだけどって。両親はワーカーさんに聞いてもらったり，心理さんに聞いてもらったりして，で，家庭訪問に来てるときにも，こう，頑張りを認めてもらえるじゃないですけど，言われるわけじゃないですか。いや，いや，私もだよみたいな。私もじゃんって。私は誰も認めてくんないのみたいなのがあったので，それは認めてほしかったかなと思うし，自分が辛いって言ったら，自分より辛い思いをしてる両親に申し訳がないと思っているので，辛いっていうのは絶対に言えなかった。

実子は両親の里親養育への心配をし，悩んでいる姿を見ているので，実子自身の悩みや辛さを吐き出さず我慢していた。また，同じ里親家庭にいても，児童福祉司や児童心理司等の支援者からの支援が実子にはないことも孤独感を持つことにつながっていることを示している。

また，他の実子は次のように語った。

> 何か，そもそも自分の気持ちを言える，何か場があれば良かったと思うんで
> すけど，多分，子どもから言えないですよね。何かきょうだいの子育てを見
> て思うんですけど，やっぱりこう，（両親の）膝に乗っけて話を聞いてくれる
> みたいな時間が本当にないと。

実子が自分の気持ちを言える場があれば，里親家庭での生活が楽だったかも
しれないと思うと述べていた。

（4）出産を経験した実子のプロセス

1）調査協力者の概要

調査協力者は 30 歳以上の出産を経験したことのある子どもを持つ実子 3 名
の女性である。それぞれ，委託児童が最初に委託された時期は異なり，就学
前・小学生・中学生であった。

高校卒業後からインタビュー時までを「第 4 期：実子であることの意味を探
す時期」としているが，出産を経験した実子のみの TEM ではさらに 4 期に分
け，第 1 期高校卒業後から妊娠までを「家族を作る」，第 2 期妊娠から委託児
童と子どもの関わり始めるまで「養育者への転換」，第 3 期委託児童と子ども
が関わるようになってから過去の自分との向き合うまでを「自らの養育の模
索」，それ以降を第 4 期「自分の養育の確立」とした。

表 3-6　TEM の用語と本研究における意味（結婚出産の経験のある実子）

用語	本研究における意味
等至点（EFP）	親と里子を支える
分岐点（BFP）	1．サポートする理由の変化 2．立ち位置を決めるきっかけ
必須通過点（OPP）	1．結婚する 2．妊娠する 3．出産する 4．里子と子どもが関わるようになる 5．過去の自分の気持ちに向き合う 6．自分の課題や限界を知る
社会的方向づけ（SD）	1．社会の家族や家庭に関する価値観との相違 2．実子の相談できる場所がない
社会的ガイド（SG）	1．夫や夫の家族の理解 2．カウンセリングを受ける

2）プロセス全体の結果

　出産を経験した実子3名はそれぞれ結婚する前に就職をし，子どもに関わらない仕事をした経験があった。その際，里親家庭である実家から通う場合と離れて生活する場合があった。結婚により里親家庭から離れ自らの家庭を作りはじめる。その際，客観的に家庭や子育てを捉える実子の姿があった。妊娠し出産することによって，自分の子どもと両親のもとに委託されている（もしくは過去にされていた）委託児童との関わりの中で葛藤を抱える語りが多くみられた。実子が出産する年齢になるということは，里親である両親が高齢になるということであり，年齢に伴う親を心配する姿や，難しい養育を担う里親である両親のサポートも実子が子どもだった時よりも多くみられ，親が病気などで倒れるケースもあった。実子は子どもがいることなどから，里親養育を強くサポートしていたが，自らの養育と親である里親養育を考えることで，違和感を持つようになり自らの養育を模索していく。（参照：図3-4）

3）エピソードごとの結果

　実子は進学や就職の後，それまでの生活と同じように里親や委託児童と関わって生活をしていた。20代で│結婚する（OPP1）│ことによって実子にとって新たな家庭を作ることになる。新しい家庭は実子にとって里親という制度や実親の養育から離れ客観的に見るきかっけになる。それはある実子にとっては①「普通」の感覚になると感じると語っている。

> なんかもう（里親は）洗脳じゃないですけど，私はそれまでもう完全には，親に洗脳っていうか，「まぁまぁそれがそれでいこうみたいな。」だったのが，普通の感覚になったんだなっていう。今もでもね，〇家ってこうだから，だからお母さんとも衝突するようになったんよなーと思ったり。うーん。ちょっと普通の感覚になったんだなー。

　結婚して他の家庭を知ることによって，里親家庭で育ったことしか経験がない実子は他の家庭を「普通」の家庭と捉えるようになる。そして，そこから母子関係の葛藤に繋がっていく。

　結婚と妊娠したことがわかった時期の間が空かなかった実子は，│妊娠する（OPP2）│ことにより意識の変化があったことを語った。

> 結婚してお母さんになるぞって。私，結婚と妊娠が（わかったのが）ほぼ同

118

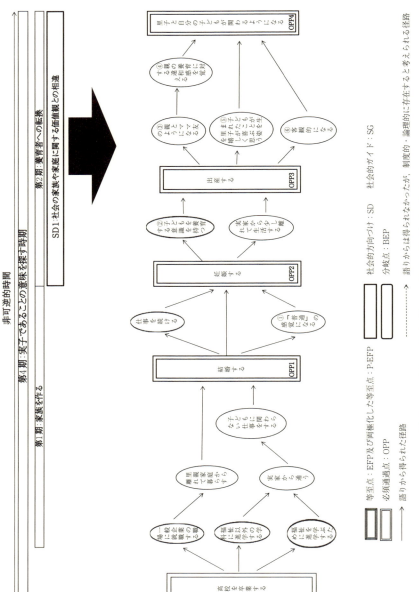

図 3-4-1 結婚・出産を経験した実子のプロセス（前半）

第3章　里親養育の開始の際の実子の年齢による意識変容のプロセス　119

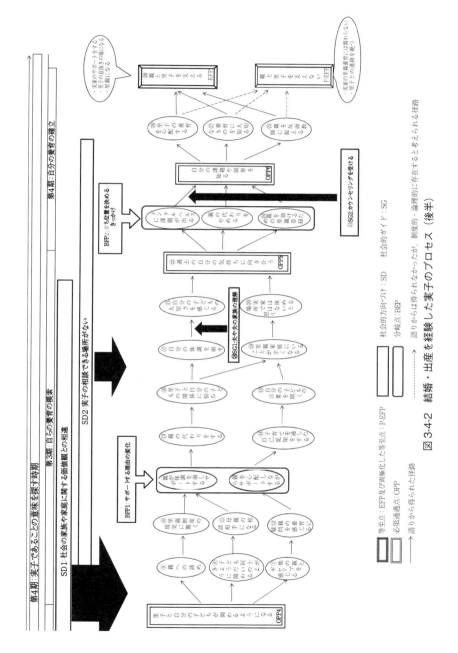

図 3-4-2　結婚・出産を経験した実子のプロセス（後半）

時なので，私お母さんになるぞって意識したときから，子どもは面倒見なくて
はいけない。意識して面倒見てあげなきゃいけない対象になってたんですよね。

　それまで実子にとって委託児童は姉の立場として接していたが，妊娠がわか
ってから②子どもを養育する意識を持つように変化したことを語っている。

　実子は 出産する（OPP3）と，姉の立場から③親とママ友のようになる変化
を次のように語った。

結婚してから，親ともよく話をするようになったんですよ。そうすると，そ
の両親のその里親としての気持ちも，たくさん耳に入ってくるようになって。
何かそれまで，こう母と娘だった関係が，ママ同士になってから，やっぱりす
ごく母と話をするようになって，

と語り，次のようにも話している。

なんだろう母は母じゃなくてママ友達っていう感じになったんです。お互い
に同じぐらいの子を育児してるっていう立場で，あの母との距離がとても詰ま
ったんです。

　母娘関係は一般的に母と娘であればある関係ではあるが，里親家庭の実子の
場合，母娘関係の上にママ友達（養育者同士）の関わりが付け加えられるとい
うことがわかる。

　その一方で，実子が子どもを育てるということから，実子は④親の養育に違
和感を覚えるようになる。

本人は，わりと厳しくしているつもり。あ，でも里子だからやっぱりすごく
言葉とか態度には気を付けてる様子ではあったんだけれども。わが子のように
何も考えなくても育つってわけにはいかないっていう感じで。だけど，なんて
言うか，思春期だからといって，「お昼ご飯よ」って休みの日に呼んでるのに，
降りてこないのとか，「あり得ないよね，あり得ないよね」ってきょうだいで
話しちゃうような。

と委託児童へのしつけと自分たち実子が育ったことでの差を感じていた。それ
について，

里親をしたから変わったというよりは，年のせいで丸くなったっていうのを，
すごく感じていて。丸くなってしまったせいで，私たちの時は通用しなかった
当たり前のことが，通用しちゃってるっていうのに，すごい違和感を覚えて。

と語っている。両親の年齢的な衰えと里親養育の期間が延びることによっての一種の慣れのようなものがあり、その両親の行動は実子が養育されてきたときの状況とは異なっており、実子はその養育を第三者的な立場から見て違和感を覚えるという語りだった。

また、⑤子どもが生まれたことを里子が喜ぶ姿を嬉しく思う実子もいた。

私が出産した時も自分の下ができたようなんですよ、Mくん（里子）なんかは。で、「男の子を生んでくれ」ってずっと言っててー。で、男の子を生んだ時もすっごい喜んで。Mなんかはほんとに途中からはもう、自分のほんとの家族みたいな感覚だったと思うんですよね。

実子と委託児童の関係が深い場合、実子の子どもは委託児童にとって家族が増えるという捉え方をしている語りがあった。

一方で、出産が距離をもたらし、⑥客観的になる変化があるとした。

（一人で暮らすようになってから結構客観的に見られるようになったっていう感じですか？）

うーん、子ども産まれてからの方かな、どちらかと言うと。

この実子は、職場経験と出産経験通して、里親家庭に来る子どもたちの実親子関係を理解できるようになったと答えている。

親、親の目線って、そこらへんが、あれなのかなあとかって思うと。里子に来てる子も、親のあり方次第なのかなとかって思ったりもするかな。だからそこで、里子に来てるからって、その子達は可哀想な子じゃないんだって思ってる。（可哀想な子どもに）しちゃいけないって思ってる。

出産によって、これまでの姉の立場から、親の立場に変わる経験をしており、その経験を通して、次に 里子と自分の子どもが関わるようになる （OPP4） 経験をするようになる。その経験は実子が⑦他の親とのギャップを感じるきっかけでもある。

お母さん同士のほら、保護者会とかってあるけど。あの、「野菜を食べなくって大変なんです」とか、「こういう行動が」とかって言ってるのを聞いてても、全然私が、「へ？」って顔、感じだったから。あのー、なんだろう、ちょっとこう、すんごい悩んじゃうお母さんには、苦手意識を向けられてた。

里親家庭で育った実子は、里親と委託児童の間に立ち、それぞれの養育の悩

みや子育て経験を見聞きして育つ。そのため，自分の子育ての際に他の親が持つ子育ての悩みを持ち難いという傾向があると考えられる。

　また，里子と自分の子どもの⑧子ども同士がきょうだいのように関わる経験をする実子もいた。これは子どもと委託児童の年齢に差があまりない場合に見られる傾向だった。

> だからあの，私とM（里子）と，赤ちゃんだった上の子でお風呂入って。まぁ，普通のきょうだいで入るみたいな感覚。

　このような経験は，実子だけではなく委託児童や実子の子ども（里親の孫）にも大きな影響を与えている。このような経験は里親家庭の中で行われていることである。

　両親の養育を身近で見ている実子は⑨親への諦めのような意識を持つことが示されている。

> もう自分の年も考えないでって思いがあったから。もうこれが生きがいなんです，しょうがないんです。ぜんぜん偉くなんかないって思ってたと思う。

と答えている。

> もうお母さん，こうしたいんだから，もうしょうがないよねっていう納得の仕方で。じゃあそばにいるんだし，手伝いますよ，という。（感じ）

　両親の里親養育に関して，一種の諦めを持ちつつそばにいる実子の姿がある。また，そのような意識を持ちながらも実子は親や委託児童をサポートしていた。

　そのような日常生活の中で，実子は⑩里親制度の現実に驚く経験をしていた。

> 里子独特のあのマル福。保険証というか。あれを，「これわかんないから，受け付けられません」って言って，窓口で返されちゃうことがすごく多くて。特に前半（昔）が。「公的に出ているものなのに，なんで突き返されるの？」って言って，私対応に追われたんですよね。

　実子が成人すると，病院の付き添いなどの公の場に行くことが増えていく。そのようなときに，これまで知らなかった里親制度の現実を知り，驚く姿がある。

　子どもを生むことによって母親との距離が近くなってくると⑪母親の相談相手になる機会が増えてくる。

> でもやっぱお姉ちゃんは今離れて（生活してい）るから状況がやっぱり分か

らない部分が多いんで，やっぱ多分私に話をしてるかな。

　この実子は，姉に母親が小さいころは相談をしている姿が多かったが，その
きょうだいが里親家庭を離れることによって母親から相談される機会が増えて
きたということを語っている。

　一方で，⑫親の養育に疑問を感じる語りもある。

　だから，あのなんだろう，たぶんうちの母親も，ね，語弊があると思うけど，
力量がないわけさ。ある程度育っちゃってる，人格形成ができてる子に対して
の愛情のかけ方と，できてない子に対しての愛情のかけ方が，違うの，やっぱ
り。こう客観的に見えるようになってきてね。で，そうすると，うちの子にも
そうなんだもん，だって。

　家を離れ，実子の家庭を持ち自分の子どもの養育をすることによって客観的
になった実子は親の養育に疑問を持ち始める。それは委託児童の間の対応の差
である。そして，それはある意味実子が里親養育の意義や理解をしていくこと
によって深まっていく疑問であると考えられる。その背景には，社会の家族や
家庭に対しての価値観や，里親養育の意義という目に見えない意識があり，実
子の疑問を生み出しているとも捉えることができる。

　このような親への疑問は〈サポートする理由の変化（BFP1）〉に変化してい
く。

　それまでも実子は親をサポートしてきていたが，サポートする割合が変わっ
た時期があった。それは親が体調を崩しサポートをするということが一つ挙げ
られた。

　ある実子は，母親が体調を崩したので，⑬親の代わりをするようになってい
った。

　でも母の年はもう，おばあちゃんなので，とても（学校や幼稚園などの）親
子レクで大縄をできる状態ではなくって。私が代打で行ったりとか。だから役
員に行かなくちゃいけない時の幼稚園バスのキャッチ（お迎え）だとか。

　また，別の実子は，里親家庭に手伝いに来ていた際に，親の体調が悪化し来
る回数を増やすようになったということを語っている。

　私違う仕事，外で働いてたんで，その仕事しながら手伝いには来てたんです
よ。ご飯作りに来たり，その仕事が終わってから来たりとか，休みの日の来た

りとかしてて。

　（中略）

その年に上の子が小学校1年生に上がるんで帰った時に家にいてあげたかったから，その仕事を辞めて完全にこっちに入るようになって。

　親が体調を崩さなくても，実子が子どもを生む年齢になれば里親の年齢も高くなる。その時に，実子が委託児童やその保護者との関わりを持つこともある。実子は親を心配しながらもサポートする立場として，週に何度か里親家庭を訪れたり電話での相談に乗ったりしている。

　そういった中で，実子は⑭子育てを通した自己覚知をする。

　今になって思えばわかるよ。でも，実親さんとしては，（里親に）預けてるんだから，自分の子を一番に思ってもらいたい。（中略）

　（ある実親が，）「私（実子）と話ができて良かった」って言ってくれた，っていうのを聞いて。ああ，なんかその時には，なんとなく自分が，俯瞰して見れる立場になれたのかな，とかって思えたりとか。

　実子が仕事や子育てをすることによって自分を理解し，両親の子育てや里親養育ということに対しさらに客観的に考えていくことができるようになることがある。

　実子の子どもが育っていくに連れて，⑮自分の子どもの言葉を聞くことがある。

　あの，たまに言うのが，「おじいちゃんは，私が初孫で，私が一番可愛いはずなのに，私を大事に扱ってくれない」って。ぽろって言ったことがあって。「ああ！なんか私の言葉そのまんま。」って思ったことがある。きっと，そうなんだろうなと思う。

　このように，実子と里親の親子関係に加え，実子の出産がもたらす意識の変化があることがわかる。

　また，母親の代わりをしたり，里親家庭に行き手伝う機会の多かった実子は⑯里子と自分の子どもの関係に悩み始める。

　一時期なんかその，私，子どもたちと自分の子とのことで悩んだ時期があって。

　この実子は委託児童と自分の子どもの関係で悩んでいたことを次のように述

第3章　里親養育の開始の際の実子の年齢による意識変容のプロセス　*125*

べた。

> うちの子にとっておばあちゃんは1人しかいないんですよね。でも，おばあちゃんを求められないんですよね。だけど，おばあちゃん1人しかいない。
>
> （中略）
>
> おばあちゃん求めたいけど，求められない。上の子なんか，だから絶対（祖母：里親に）甘えにもいかないし，母には。

と語り，祖父母としての里親の立ち位置は委託児童がいることによって難しくなり，祖父母─孫の関係に里親養育が大きく影響することを示している。

　また，母親のサポートを母代りのようにしていた実子は次のような悩みを語った。

> 2歳の子は，あの週末にお母さんが面会に来る子だったんですよ，必ず。で，何だろう。私たちは，私たち家族は，彼の気持ちを気にして，あの，週末に家族で出かけるっていうことは，控えてたんですよね。そう，Yくんだけ置いて，自分の子たち3人連れて，楽しいお出掛けって，とてもできないと思っていて。思っていたのに，Yくんは毎週末，ママとお出掛けをするんですよね。で，マックのあの，セットのおもちゃを握りしめて帰ってくるんだけど，それをすごくうらやましがる子どもたち（実子の子ども）の姿を，こう，何だろう。どっかでいつも我慢しながら，私たちはそんなことしていないのに，この子はって。この子はって思う，こう気持ちの先は，このお母さんは，もう，みたいな。あれがこう，うーん，あれが一番つらかったなー。

委託児童のために，家族で出かけることを我慢していたけれど，実親との交流によって家族で出かけられないことでの差を感じ，子どもの気持ちを思うあまり辛かったと語っている。また，それだけではなく以下のようにも語っている。

> 母の入院中は何とかやってたんですけど，その時に，自分の子と同じ年の里子を見てたら頭がおかしくなっちゃったんですよね。私が。それがつらくて，なんでしょう，大体年齢も一緒で仲が良かったので，2人一緒にいつも遊ぶんですけど，2人まとめて抱きしめることがどうしても生理的にできなくて，しょうがないから，2人まとめて一歩下がるっていう方向になってしまったんです。平等にはしなくちゃいけないっていう思いがあって，一番下の里子の目から隠

れて自分の子を抱きしめたりとか，あとはなんだろう，私の子が遠くからうら
やましそうに見てる前で，主人が里子を激しく遊んであげたりだとか，そうい
う場面がきつくて，

　そうした生活を続けた実子は，⑰自分の体調を崩すことになった。

　ついには頭痛が治まらなくなってしまって，ちょっとしたことで泣いて止ま
らなくなってしまって，こりゃあおかしいと思って心療内科に行って，（中略）
事情を話して旦那の実家に逃げたんです。
　子どもって素晴らしい存在だなって気持ちがずっとあったはずなのに，そこ
で自分の子じゃない子がこんなに可愛くないっていう思いで頭がいっぱいにな
ってしまって，あーあ私も人間だったなって。軽いうつ状態，うつ直前状態。

　実子がその時に支えになったのは⑱夫や夫の家族の理解（SG1）だったと述
べている。

　夫ですね。あの，なんでしょう，完全にできること以上のことをしておかし
くなってるっていうのを分かったうえで，居てくれたので，「もう無理」っ
て訴えた時も，とても対応が早かったんですよね。あのーなんだろう，心療内
科に一緒に行ってくれて，状況を両方の父親にパッパッと説明して，すぐ旦那
の実家に逃げれるように用意をしてくれたりとか，

　自分の子どもと里子との関係やそれに伴う里親との関係は実子にとって精神
的な負担をもたらすことにもつながる。そして，⑲里親家庭にいることが辛く
なる実子の姿があった。

　私自身やっぱ特殊な関係に育っていろいろ苦労もしてるから，子どもにもそ
ういう思いをさせているって気持ちもあって。ま，でもここは関わった以上は
もうどうしようもないし，でもやっぱりねー，自分に気持ちがそうやってある
分，好きでこの家に生まれたわけではないし，やっぱそれは仕方がないんです
けど。仕方がないと思ってても自分ではどうにもならない時もあるし，うーん，
で，一時期悩んでましたね。その，うーん，「こうしろ」って言われるのが嫌
で。

と語っている。また，⑳実家は休める場所ではないと思う実子は次のように語
った。

　実家に来るとやっぱりしんどくなりますね。

第3章　里親養育の開始の際の実子の年齢による意識変容のプロセス　127

（何がしんどいと思う？）

うーん，なんかねー，実家ってみんな普通休まるとこじゃないですか。（私は）休まらないから，休める場所が（自分の）家なんですよね，普通はみんなねー。

家が大変だから，（実家には）自分の居場所ないですもん，なんか。この場が居場所だからって思ったらいけないんだろうなっていう感覚もあるし。

この「居場所だからと思ったらいけない感覚」というのは里親養育が家庭での優先であることが示されていると考えられる。

このような葛藤を持ちながらも，実子は㉑自分の子どもの大切さを感じるようになる。

一番噛み締めているのは，自分だけの育児ができるって，幸せだなあって。なんて贅沢なんだろうーって。それが一番，それが一番かなあ。

「自分だけの育児」の背景には，委託児童と自分の子どもがきょうだいのように育つことの喜びだけではなく不安や苦しさのような感情があったからこその語りである。また，虐待などで保護されている子どもの背景を知った里親養育の経験があることが，実子に自分だけの育児をする喜びを持たせているとも考えられる。

実子が自分の子どもを育てることで，さらに㉒過去の自分の気持ちに向き合う（OPP5）ようになる。ある実子は次のように過去を振り返って語った。

本来ならば自分は長女だから，まあちょっと考えると，一番可愛がってもらってもいいはずなのに，じゃない，のが，要はちょっとこう，きっと。うーん，辛いともまた違うかなー，寂しかったのかなあ？　まあ，だからと言って，里子が全部いなかったからと言って，目が全部こちらに向けられるかって，そういうわけでもないっていうことは，親になってよくわかったけど。なんか，そういう時はそう思ったな。もっとかまってもらいたいとか，自分をもっと見てもらいたい，とかっていうのはあった。思いは。当時は思わなかったですけど。今思ったらちょっと寂しいよなみたいな。今思えば。

また，別の実子は

私ね，結構母親には歯向かわないんですよ，昔から。思春期も歯向かったことなくて。歯向かえない存在だったんですけど。もうその時だけやっぱね

> 一，子どものこともあったからすっご，もう子どもたちの目の前で大ゲンカして（笑）。

と語り，子どもがいることで，親へ気持ちをぶつけられるきっかけになったと述べている。実子が出産してから葛藤を持つわけではなく，里親家庭で生活を送っていた過去にも持っていたが，感情表出せずに成長したことが見受けられた。このように実子は過去の自分の気持ちに向き合い，〈立ち位置を決めるきっかけ（BFP2）〉に出会っていく。

　過去の気持ちに向き合うことで，実子のメンタルヘルスに課題が出ることも挙げられた。その際，㉓カウンセリングを受ける（SG2）ことで自分の課題や限界を知ることができたと語っている。

> きょうだいが爆発してるの。「私をもっとかまって！」っていう。「他の子に愛情注ぐぐらいなら，私に愛情注いで！」っていうのを，もうストレートに出した子だったから。それを見てるから，私は出せないわけよ，余計に。今カウンセリング行って，いろいろ話をすると，「ああ，そうか，それで出せなかったのか」っていうのがよくわかるんだけど。「そっかー」と思いながら。

　第三者に話を聞いてもらうことは実子にとって複雑な葛藤を整理することができる手段として大きな意味があると考えられる。その一方で，里親家庭にいる間に課題がなくても子どもの出産や成長，その他の出来事を通して過去を振り返り，里親養育の影響を受けた課題が出始めることも明らかになった。

　また，母親代わりをしていて自分の体調を崩すことになった実子は，過去の自分の気持ちに向き合い，親の代わりをやめることで自分の課題や限界を知ることになった。

　その一方で，㉔親を助けるための里親登録をする実子の姿もあった。里親家庭での経験を通して実子が里親になることも十分に考えられるが，親のレスパイトを行うことを考え登録に至るケースもあるということがわかった。

> その里親登録をするとレスパイトが使えるっていうのもあったし。お母さんのレスパイトできるっていうのもあったし。なんか最初は登録しておいたら何かとこう便利っていうか，こう助けられるっていうか，ができるかなっていう感じだったんですけど。

　里親登録しないで里親を支える実子の姿から，自らが里親制度の中に入り，

制度の中で里親を支える実子に変化したということになる。また，そのような生活の中で，実子は親の代わりはやめ，自分の課題や限界を知る（OPP6）ことにも繋がっていく。

里親登録をした実子は，㉕親を反面教師に捉えるようになっていく。

> その私にとってやっぱ，子どもにとって私は味方，子どもの味方に絶対なるからー，何かあった時に絶対子どもを私はかばうに決まってるじゃないですか。でも，それは母にとっては気にいらなかったみたいで。「ここにいる子は親がいないのに，あんたはそれを見せつけるのか」っていう言い方をされて。でも，この子にとったら母親は私しかいないし，それかばう，かばうのは当たり前だと思うんですよ。

と語っている。自らが里親になった時に，実子を優先したいという気持ちを持ち，

> 絶対子どもの意見を聞いてからじゃないと，やらないですね。うん。来てもいいかどうかは絶対に聞きますね。で，長くなる時，「今度はいつ帰るか分からないよ」と。「こないだは1週間って決まってたけど，今度はいつ帰るか分からないよ」って。「途中で嫌って言っても無理だよ」って言って，何回も確認してからにしますね。

と自分自身が経験してこなかった子どもの意見を聞くことを大切にするなどの親を反面教師にする姿勢を持ちながら里親を行っていることが明らかになった。

また，実子は㉖里子の養育を心配する一面もあった。

> ネグレクトで来てる子とかなんかは，うちに来たことで，しゃべれるようになったとか，できることが増えたりとかしてるのに，（措置解除になることで）「これが止まっちゃうのかぁ」って思うと，ちょっと切ないかなぁ。寂しいじゃないね，切ないかなぁ。こんな可愛いところがあるのにって思う。

この語りは，措置解除された子どもを心配し，里親制度について考えていく実子の姿がある。里親制度についての理解とともに，疑問や不安も実子は持ち合わせていることがある。

また，㉗養育に大切なものを知ることも挙げられている。

> （良かったことは）こういう子たちがいるっていう，やっぱ知れたことかな。多分無ければ全く知らなかったと思うし，児童相談所なんていう単語が身近に

なることも無かったし。良かったこと。特に一緒に暮らしたことで，やっぱり，ううん。自分の育児にすごく影響してる。この経験が無かったら，もっともっともっと余裕の無い育児をしてただろうし，

　ある実子はこのように語り，里親家庭での経験が育児に影響し，余裕のあるものとなっているとしている。これは先に述べたように，実子がさまざまな背景を持つ委託児童の養育に関わることで子育てに大切なことを実感し経験として子どもを育てられるという利点でもあるだろう。

　このように，実子は自らの課題を知り，里親養育と子育てを通じて㉘ 親と 里子を支える（EFP）ようになる。

なんかでも結構あの，褒めるのとかもお母さんへたくそで。「ありがとう」とか褒めるっていうのがやっぱちょっとできない人なんですよ，お母さんって。ま，そこはまあ，私がなるべくカバーして。分かってるんでね，その分。

　実子は母親の持っていないところをカバーする役割を自ら理解し実行するように心掛けていたり，

今，実家の里子が，すごくここを，何だろう。息抜きの場にしているんですよ。しょっちゅう来る。週2〜3来る。学校がすぐそこだからさ。すぐ来るんですよね。

　（中略）

朝とかいきなり，おはようございますって言って。お姉ちゃん，ちょっと自転車置かせて，とか。うーん，帰りも来て，今日は習い事なんだ，とか言って。すみませんが，残り物はありませんかって，ここで腹ごしらえしてから行く。

　委託児童の息抜きの場となるように，実子としてできることをしている姿があった。

　実子は全体のプロセスの中で，社会の家族や家庭に関する価値観との相違 （SD1）を受けながら結婚や子育てをしている姿があった。実子の持つ「普通」の家庭に対するイメージや里親家庭と自分の家のある地域の中で実家である里親家庭との関係性を周囲にどう伝えていくのか，特に，実子の子どもと両親の元にいる子どもが同年齢の際に幼稚園や保育園，学校などでの関係などを考えていくことがあるということがある。いわゆる，里親にとっての孫と委託児童が同じぐらいの年齢という関係は一般家庭においてほとんど見られないことで

ある。

　また，実子が委託児童と子どもの関係に悩んだり，里親家庭にいることが辛くなったりした際に　実子の相談できる場所がない（SD2）　ということも大きな影響を与えている。確かに，夫やきょうだい，カウンセリングなどの場で話すことができているかもしれないが，このような実子特有の葛藤や悩みを相談できる場所は日本においてないということが大きな課題であろう。

　本研究における協力者は里親家庭を離れているが，里親と里子を支える姿があった。しかし，実子が親と里子と関係を持たず生活していくことは考えられる。例えば，両親との繋がりは持っていたとしても，里子との関係を持たない実子もいるだろう。

　これまで，里親の実子が結婚後にどのような人生のプロセスを歩むのかは明らかにされてきていなかったが，結婚後も里親家庭と繋がり関わりを持ち，自らの子育てを行う中にさまざまな葛藤や喜びがあることが明らかになった。

（5）SD/SG の結果と等至点との関連

　等至点（EFP）に至るまで，一人ひとりのプロセスには SD と SG の影響が大きく関係している。　「里親」と関わる生活　を送る，もしくは　親と里子を支える　生活を送るまでに，それぞれのプロセスの SD/SG が EFP に大きな影響を与えている。ここでは，SD と SG がどのように関連していったのかを述べる。

　まず，高校卒業までと高校卒業後の SD と SG と等至点に関して説明を行う。高校卒業までの社会的方向づけ（SD）は　里親制度の認知の低さ，里親制度への称賛　の 2 点である。社会的ガイド（SG）は　母との 2 人の時間，希望を聞かれる経験，友人の理解　の 3 点である。一方，高校卒業後の社会的方向づけ（SD）は　里親の社会的役割期待と実子の役割期待，実子の相談できる場所がない　の 2 点であり，社会的ガイド（SG）は　里親養育の意義を感じる，きょうだいの支え，当事者性を持つ本研究者との出会い　の 3 点である。SG として 6 点挙げられているが，この SG に関しては個人差が大きく，全ての協力者が 6 つの SG を得られてはいない。反対に SD は全ての協力者に共通して大きな影響を与えていた。特にここでは SG に関して，実子が他者に話を聴いてもら

う，または他者の話を聴くことがほとんどであることがわかる。

　この点に関しては，出産を経験した実子のプロセスでも同様である。出産を経験した実子の等至点は親と里子を支えるであるが，社会的方向づけ（SD）は社会の家族や家庭に関する価値観との相違，実子の相談できる場所がないの2点であり，社会的ガイド（SG）は，夫や夫の家族の理解，カウンセリングを受けるの2点であった。SGに関してはここでも個人差が大きく，全体を通じて共通することがなかった。

　実子が「里親」と関わる生活を送る，もしくは出産後に親と里子を支えるようになるには，実子が社会的な里親制度への認知，里親制度・家庭・子育てに関する価値観とのギャップや相違，里親家庭での経験に関して，自らの話を聴いてもらえる場所や人が大きく関係していると考えられ，実子に関してはSGが非常に弱く少ないことも明らかになった。

第4節　里親養育が実子に与える影響

　これまで本章では実子の成長過程のプロセスを明らかにしてきた。本節ではこれまでの実子の語りから，里親養育が実子に与える影響を明らかにしていきたい。

　本節では，これまでTEM図で使用した実子のプロセスから，里親養育が実子に与えた影響を，KJ法を援用し抜き出した。その中で4つの大カテゴリー，8つの中カテゴリー，26の小カテゴリーが得られた。

　大カテゴリーは〈　〉で明記し，中カテゴリーは　　　，小カテゴリーは下線で明記した。

　大カテゴリーとして，〈獲得〉〈喪失〉〈アンビバレントな経験〉〈実子が持つ意識〉とした。（参照：図3-5）

　里親養育から多くのことを実子は〈獲得〉する。実子は里親家庭で多くの体験を得る。それは大きく分けて3つの領域から成る。一つ目は経験である。この経験は子ども同士で関わる楽しさ，子どもが生活する家庭の多様さである。実子の語りから，委託児童と関わる生活が楽しかったいう語りや，子どもの多様な生活の場への驚きも含めた上で，社会的養護のもとで生きる子どもがいる

第3章 里親養育の開始の際の実子の年齢による意識変容のプロセス 133

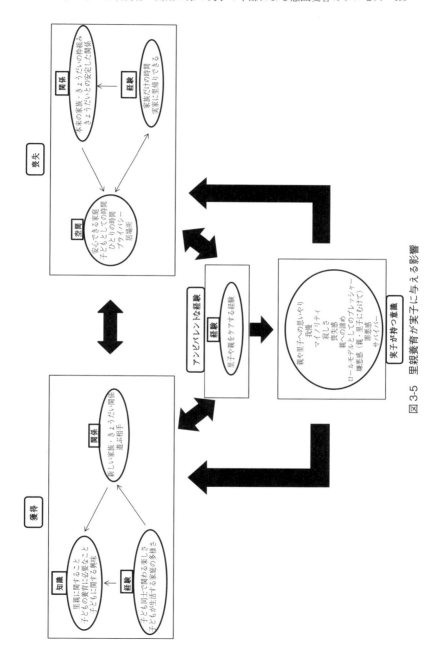

図 3-5 里親養育が実子に与える影響

という多様さを経験していることになる。二つ目に，関係である。この関係は里親養育が行われることにより獲得する，新しい家族・新しいきょうだい関係，遊ぶ相手である。例えば，ゲームをしたり，映画を見に行ったりする生活は実子にとって委託児童と生活する楽しさの獲得となる。この経験と関係はどちらも実子にとっては非常に大きな関係がある。

　三つ目に知識で，その種類とは里親制度や養育に関すること，子どもの養育に必要なこと，子どもに関する知識である。実子は中学や高校になるころには里親制度がどういったものなのか，児童相談所や他の里親との関係を少しずつ理解できるようになる。また，子どもたちとの関係の中で，子どもが生活する上で欠かせないこと，必要なことなどを体験から理解していく。協力者の多くが子どもの養育について知識を獲得しており，そのきっかけとなっているのも実子が里親家庭で生活していたことである。それらが育児や自らの職業選択に影響を与えていた。

　一方，〈喪失〉も３つの中カテゴリーが挙げられる。

　まずは〈獲得〉と同じ関係の中では，本来の家族・きょうだいの境界やきょうだいとの安定した生活である。実子は語りの中で，以下のように述べている。

> うーん，やっぱ何か自分がこういう里親の，里親の家庭で生活してきて，まあ，これが自分としては普通だったんですけど，やっぱり何か自分も普通の何ていうか，本当の家族だけの家庭に何となくのあこがれっていうか，うーん，何でしょう，そういうのもいいなっていうのはやっぱり持っちゃったりするので。

　同じように経験として，家族だけの時間，里帰りできる実家を実子は失っている。家族だけの時間は本来の家族・きょうだいの境界とも深くつながっており，里帰りできる実家ということも，家族に関わってくることである。以下はその語りである。

> 私のきょうだいなんかも「里帰りはしない」って言いますし。逆に大変だから。逆にしんどくなるし。いいなーと思うんですよね，（他の人が）「実家帰る」って言ってるのを聞くと。

　実子が出産してからも里親家庭で委託児童の養育をしている状況では，実子

第3章　里親養育の開始の際の実子の年齢による意識変容のプロセス　*135*

が里親家庭を実家として里帰りできる場所はなく，里帰り出産をする経験を実子は失っているということにつながる。

　また，関係や経験から，実子は空間も失っている。それは，安心できる家庭，子どもとしての時間，ひとりの時間，プライバシー，居場所である。

　ある実子は，里親家庭を「施設のような家庭」と語り，「安心できない家庭」を語った。その理由には委託児童の課題行動だけではなく，実子が家庭に求めていることが得られていないという語りでもある。また，先述した子どもカテゴリーに自分が含まれることを拒否をする実子の語りでもあったように，子どもとして成長する時間を早くに手放していることにもつながっている。これは国外の実子の研究の中で多く言われていることでもある。ひとりの時間やプライバシーはその家庭ごとの生活環境などにより一人ひとり異なっており，ひとりの時間を確保できたと感じる実子もいる一方，確保できなかったと思う実子もいた。プライバシーに関しては国外の研究で大きな指摘がされている（Hojer, 2007; Hojer and Nordenfors, 2004, 2006; Part, 1993; Pugh, 1996; Spears and Cross, 2003; Twigg, 1994, 1995）。寝室などのパーソナルスペースが委託児童の委託によって失うことは実子に大きな影響がある。

　このように里親家庭で〈獲得〉と〈喪失〉が影響し合いながら，その間に〈アンビバレントな経験〉として，里子や親をケアする経験というものが実子には存在している。これはこれまで述べてきたように，実子が里子や里親としての実親をサポートし，ケアしているということである。本研究の協力者は何らかの形でケア役割を家庭内で持っている経験をしていた。里子や親をケアする経験は〈獲得〉と〈喪失〉を経験するアンビバレントな状況である。ケアする経験は，実子にとって実子の子どもの養育にも繋がることであり貴重な経験ともいえる。実子の語りの中で，里子が養育される姿を見て里親養育の意義を感じ，不登校がなくなった姿や自らの進路に影響を与えていることが示されている。その一方で，ケアする経験が次の意識に大きく影響を及ぼすことが示されている。

　このようなアンビバレントな経験は，〈実子が持つ意識〉に大きな影響を与えている。それは，親や里子への思いやり，我慢，マイノリティ，寂しさ，罪悪感，親への諦め，ロールモデルとしてのプレッシャー，嫌悪感，喪失感，サ

バイバーなどである。

　この全ての意識を実子全員が持つわけではないが，本研究の協力者全ていく
つかの意識を持ち里親家庭での生活を送っていた。親や子どもへの思いやりや
我慢は実子が得た成果としてのポジティブなものとして捉えることができる。
しかし，そのどちらも持ちすぎてしまうことで子どもらしさを失うことにもつ
ながることもある。また，マイノリティとしての意識も実子が持つことがあり，
「普通」の生活や家庭に憧れを持つこともある。それらの意識は，実子が持つ
寂しさに繋がっている。

> 私自身はやっぱ（里子を）きょうだいと思ってるんですけど，やっぱ「そん
> なんきょうだいじゃないじゃん」って（友人に）やっぱ言われたことがあった
> んで，「あ，わかってもらえない人もいるんだな」みたいなそういう感覚はあ
> りましたね。

　委託児童が措置解除や措置変更になることは社会的養護の特徴ともいえるが，
それに伴う喪失感を実子が持つものである。これらの意識は，里親家庭だけで
はなくヤングケアラーや障害児・病児のきょうだいにも多く言われていること
であり，同じ家庭内に生活する家族の構成員になんらかの課題がある場合に起
こりやすいとも言えるだろう。また，アダルトチルドレン（AC）の特徴とし
て挙げられている優秀になろうとする姿や我慢する姿が実子にも当てはまって
いると考えられる。

　一方で，委託児童への罪悪感を持つことや，親への諦めの気持ちを持つこと
などは里親家庭の特徴であるとも捉えられる。

> 自分もすごく（委託児童の対応を）失敗をしてるので，里子に対して。自分
> はまだ，そんな高校生だったり大学生だったりというところで，感情的にぶつ
> かることもあったので，ちょっと謝りたいなという思いも少しあるかな。

　この語りにある様に，委託児童への罪悪感とは，「子どもに謝りたい」と実
子が振り返ったことや，委託児童がいなくなってほっとしたこと，社会から賞
賛されて良いことをしている両親や里親養育を受け入れられない自分に対して
持つことが挙げられた。これらは，実子が社会から里親の役割やその子どもで
ある自分自身の役割期待を感じていると考えられる。その役割期待は，ロール
モデルになろうとするプレッシャーになることもある。

よく，「他のきょうだいたちには言えないけどさあ」みたいなっていうところでは聞いていて，他のきょうだいたちには言えないっていうのにすごい優越感を感じる一方で，プレッシャーをすごく受けるわけですよね。で，大学入って，そんな大学を選んだっていうところに関しては，ある程度母もそれに誇りじゃないけど，うちの娘もこういうところを目指すようになったと。っていうのもあるし，そういう勉強してるんだから，これはどうなのと聞いてくる。それも知らないから調べるし，聞いてくるっていうような日が続いて。

　委託児童の行動に課題がある場合などは特に実子は親の苦労を知ることになり，ロールモデルの役割を持つことになる。

　また，親への諦めは里親を行うことが実子の同意なく行われていることに対して持つ実子の意識でもある。また，サバイバーであるという実子の意識もあった。

　これは私の勝手な意見なんですけど，虐待を受けてきた子たちは，こうサバイバーだって言うじゃないですか。でもね，その受けてきた子たちを，じゃ，里親さんの家庭に委託をする，同じぐらいの年齢の子がいるっていったら，同じ体験を多分実子さんもしてると思うんです。で，彼女たちもサバイバーだと思うんですよ。それをさせるのかっていう話で。と思いますけどね。

　〈実子が持つ意識〉は繰り返し〈獲得〉と〈喪失〉に戻され，循環的になっていると考えられる。獲得体験としてポジティブに語られるためには，TEMの中でSGとして挙げたきょうだいや友人，家族の支えなどが必要であり，反対に社会からの期待や賞賛などのSDが強くなると里親養育から失ったものが強くなることにつながる。周囲からの支えを感じることができなければ，実子は家庭の中だけではなく社会の中の居場所を失っていると感じることがある。

　里親養育から得る意識は実子にとって，「ぐるぐるするもの」とある実子が答えていた。ひとつの出来事に対しての意識に対して，次の出来事が起き，また意識が生まれる。その中に実子の持つ家庭内の「ケアする役割」が大きな経験となっている。そして，里親養育での多くの経験について実子は次のように語った。

　里親家庭にいたころは，目の前の生活で精いっぱいだった。大なり小なり里親養育の生活の中で何かが起こっていてそれに合わせてきた。他のライフイベ

ント（例えば，祖父母が亡くなるなど）が大きなことでも，私にとっては里親
養育のことほど大きいと感じなかった。大きさに気づけなかった。

　実子が里親養育から受ける影響はこれまでの里親制度の中や実子に関する研
究で挙げられてきた以上に深く大きなものであると考えられる。そして，その
影響は里親家庭で育った実子の土台となって青年期以降も実子の人生に関わっ
てくることが明らかになった。そして，最初の委託の年齢の違いは青年期以降
に大きな差を生まないが，年齢に応じての意識の差があることも明らかになっ
た。

第5節　本章のまとめ——獲得と喪失の3つのプロセス——

　本章の目的は次の2点であった。1点目として，実子の親が里親に登録し，
初めて委託児童を受託した時の実子の年齢によって，18歳以後の実子に与え
る影響の相違を明らかにすること，2点目として，里親養育が実子に与える影
響を明らかにすることを挙げた。この目的に照らし，まず里親養育が開始され
る初期の委託時の実子の年齢によって青年期以降の実子の意識に違いがあるの
かを目的とし調査・分析を行った。

　その結果として，最初の委託の年齢による実子の青年期以降の意識には，大
きな違いがみられなかった。しかし，委託当初の里親制度や委託児童に関する
理解度に関しては，実子の年齢によって大きな差があった。実子が小学校の高
学年から中学生になった際に里親養育を開始する場合，両親がなぜ里親を始め
ようと思っているか，委託児童がどういった子どもなのかということを説明さ
れれば理解できる年齢であるということである。ここで重要なのは，あくまで
も説明があるかどうかということで，説明がない中で里親養育を始めた場合，
年齢が高くなっても実子が里親養育を受け入れる際に困難が生じることが明ら
かになった。一方で，就学前に両親が里親を始めている場合，「里親家庭であ
るという認識」を持つのは小学校高学年以降からであり，「自分の家庭が里親
家庭である」と認識をすることと友人との価値観の違いを実感することが関連
していた。これはCODAの研究でも親の障害の内容についての理解は児童期
であるとの結果が出ていた（中津・廣田，2012）。また，小学校の低学年から

里親を始めた実子は漠然とした説明や理解をした上で生活を送ることになり，思春期以降里親制度や家庭に対しての嫌悪感が強くなることも示された。

　実子の意識変容のプロセスを描くことで明らかになったことは，実子が葛藤を持つ時期は委託児童の委託期間や里親家庭で生活していた間だけではなく，青年期以降の里親家庭から自立した後も続いていくということである。国外での研究でも実子は成人後も里親養育の責任を持ち続けることが示されている（Williams, 2017）。また実子が持つ葛藤は里親家庭で生活を送っていたときよりも青年期の方がより明確になり困難な状況に陥りやすくなることが示された。その理由として，実子が里親制度を深く理解できる年齢になり家庭での養育と制度の内容に差を感じたり，進路を決定する際に過去の自分の生活を振り返り言語化したりするためであると考えられる。また，実子が青年期により困難な状況に陥りやすくなる状況は，最初の委託の際の実子の年齢ではなく，実子の成長のプロセスの中で両親や友人，他の大人との関わりや委託児童との年齢差や相性などさまざまなことが関係しているということである。さらに，本研究において結婚や出産による出来事も大きな転機となり，実子がそれまで生活を送ってきた里親家庭の環境や委託児童との関係がより深く絡み合うことがあるということが示された。

　実子の葛藤をより深くする要因としては，獲得と喪失の経験を実子がどのように捉えるかによって異なっていると考えられる。実子の捉え方には両親との会話を十分に行うことや親が里親養育をする理由を伝え実子が理解し納得すること，自分のパーソナルスペースで趣味活動をできるかや自分の一人の時間を確保できるか，安心できる人との関わりあいがあるかどうか，実子の家庭環境や葛藤を理解する相手がいるかなどによって大きく左右されることがわかった。そして，委託児童の行動が実子にとって受け入れ難いことであれば，喪失が大きくなり，実子に大きな葛藤を与えることになる。また，本章では協力者の特定を避けるため出生順に関して詳細に述べてこなかったが，第一子・中間子よりも実のきょうだいのいる末っ子の実子の方が里親家庭で生活する上での葛藤を多く語っていたことも付け加えたい。これは国外の研究で指摘されているように（Younes and Harp, 2007），本来のきょうだいの定位置の喪失が関係していると考えられる。

その一方で，実子は里親養育から多くの体験や知識を獲得していることも示された。これは先行研究でも指摘されていることであるが，実子の里親家庭での経験は全てが否定ではなく，実子の人生により良い財産としてその後の人生に活かすことができることでもある。委託児童との関係が実子の職業を決定するきっかけとなり，委託児童をかけがえのない存在として捉える実子の姿もあった。CODA の研究の中でも親が視覚障害者であることで健常の子どもである CODA には障害や手話の知識を得ることや経験を活かす仕事に就くことが示されている（中津・廣田，2012）。

人は獲得と喪失を繰り返して生きており，里親家庭で生活することは実子の喪失だけを増やすことではない。しかし，先に述べたように実子の喪失は周囲に理解されにくい内容であり，実子が困難を伴い成長する可能性も大いにあるということがいえる。実子の困難はいわゆる「公認されない悲嘆」であり，それを繰り返すことが新たな困難を生み出すことにもつながる。だからといって，実子のいる家に児童を委託しないという選択を優先するべきとは言い切れない。それは，実子のいる里親家庭での経験は，周囲の専門職や大人の支援や説明が十分にあれば，里親・実子・委託児童にとってより良いものになるからである。

本章の結果から，里親養育を始める際に実子の年齢に配慮することは非常に重要で，特に里親に関する説明や里親養育を開始する前に十分に実子の意見を聞き実子の了解を得ることは欠かすことができず，その内容によっては実子の成長発達に大きな影響を与えると考えられる。また，その説明方法は実子の年齢や個別性によって変えていく必要があるということが言えるだろう。病児のきょうだいへの説明も，年齢によって配慮が必要であることが示されている（古溝，2012）。また，実子が成長するにつれて実子の持つ意識が変化していくということを里親や里親支援を行う者が理解し，実子の成長に合わせた里親制度の説明や実子の意見を聴く機会を定期的に設けるなどの配慮をしていく必要がある。

〈第３章〉注釈
※１　サトウ（2012）はトランスビューを目指すために３回会うことを推奨している。
※２　縦軸の「自己表現をできる相手がいる」「いない」の内容としては，インタビ

第3章　里親養育の開始の際の実子の年齢による意識変容のプロセス　*141*

ューの中で「支えになった人がいるか？」や「困った時やイライラした時などどのように対処していたか？」ということを伺っていた。そのため，人に話をすること，趣味やスポーツ等を行うこと，などを「自己表現」という言葉として取り上げている。

第4章 里親の実子が持つ主観的なきょうだいの境界とその変化

第1節 主観的なきょうだいの境界に関する調査の目的

　本章の調査の目的は，里親の実子が持つ主観的なきょうだいの境界とその変化を明らかにすることと，実子が持つ主観的なきょうだいの境界の違いは実子の年齢やジェンダーとの関係性があるのかを明らかにすること，である。主観的なきょうだいの境界とは，「きょうだいと思える人は誰か」という範囲である。「家族と思える人は誰か」という主観的家族論やファミリー・アイデンティティに関しては，先述した第1章第2節（3）において明らかになってきているが，ここでは実子が持つきょうだいに関する境界を明らかにする。

　また，里親養育は委託児童の措置や措置解除が行われるため，家庭内の構成員の変化が起きる。そのため，実子のきょうだいの境界の意識には変化があるのかということも併せて明らかにしていきたい。

　国内外の研究によると，里親になる動機に，里親が新しい家族や新しいきょうだいを得たいと挙げていることも少なくない（Cole, 2005；日本グループホーム学会，2010；Hojer and Sebba, 2013）。国外において，里親家庭の構成員の家族の境界線の曖昧さを知ることは，里親の養育経験を知る上で非常に重要であることを指摘している（Thomason and McArthur, 2009）。また，実子の家族の境界線を明らかにした研究によれば，境界線の範囲によって委託児童と実子の関係や実子の意識，年齢に違いがあったと明らかにしている（Heidbuurt, 2004）。Heidbuurt（2004）は家族の境界線が曖昧であることや家族との意見の相違があると，実子はストレスを感じることを指摘している。

　以上のことから，実子の主観的なきょうだいの境界とその変化を明らかにす

ることにより，実子の主観的なきょうだいの範囲が実子の持つ他の意識とどう関係があるのかを明らかにするうえで非常に重要であると考える。

第2節　調査方法——調査手順と分析方法——

（1）調査手順と分析方法
　調査期間は 2010 年 6 月〜2011 年 3 月と 2013 年 1 月〜6 月の期間である。調査協力者に対し半構造化面接を行い，インタビューでは里親家庭での生活について時系列に沿って質問した。きょうだい境界に関する質問として，「友達などにきょうだいは何人ですか？と言われた場合，どのように答えていますか？」もしくは「答えていましたか？」という質問をした。また，友人などへの返答の仕方と実子自身がきょうだいについてどのような境界線を持っているのかも併せて質問した。

　インタビューを IC レコーダーに録音し，録音した音声データを逐語録にし，音声データを聞きながら繰り返し読み込んでいった。KJ 法を援用しカテゴリー化し，実子が持つきょうだいの境界を明らかにした（川喜田，1967）。実子の持つきょうだいの境界をカテゴリーごとに分け，委託初期とインタビュー時の 2 段階の変化を分析した。

　研究方法に KJ 法を選択するまでに，本研究を第 3 章と同じように TEA を採用し分析を行うことを試みた。しかし，本研究は 2 つの調査から行われており，Deta: 1 と Deta: 2 における筆者のインタビュー内容や量に差があることは否めない。また，TEA の目指すトランスビューを Deta: 1 では行うことができなかった。そのため，本研究は主観的きょうだいの境界線のインタビュー内容を抜き出し，少数事例でも扱うことのできる KJ 法を採用することとした。

（2）調査協力者
　本研究の調査期間は 2 段階である。1 段階目の調査期間は 2010 年 6 月〜2011 年 3 月の 10 カ月間である。調査協力者は 11 名である。インタビュー時間は 40 分〜1 時間となっている。以下この 1 段階目の期間のデータを Deta: 1 と記述する。

2段階目の調査期間は2013年1月～2月，5月～6月までの4カ月間であり，調査協力者は10名である。このデータをDeta: 2とする。

Deta: 1 の調査協力者

　協力者の性別は男性3名，女性8名である。委託児童と生活をし始めた年齢は幼児前期（1～3歳）1名，小学校低学年（1年～3年）4名，小学校高学年（4年～6年）2名，中学1名，20代が3名であった。血縁関係にあるきょうだいがいる実子は一人っ子・2名，きょうだいあり・9名であった。出生順では，第一子が5名，中間子が3名，末っ子が3名である。里親家庭での生活年数は約1年から18年であり，平均は8年となっている。1名を除いて他の10名は5年以上となっている。この1名に関しては，両親が長期的な養育をしており，同じ家庭内で生活した委託児童との交流が多く行われていることとして取り上げた。ともに生活をした委託児童の人数は1名から11名で平均5名である。協力者は全て実子よりも委託児童の年齢が下となっており，委託児童の年齢差は最大24歳，最少で数カ月となっている。

Deta: 2 の調査協力者

　協力者の性別は男性3名，女性7名である。インタビュー時の年齢は18歳～41歳（平均年齢は26.7歳）だった。両親が里親養育を開始した際の年齢は3名が就学前，2名が小学校低学年（1年～3年），2名が小学校高学年（4年～6年），3名が中学生である。血縁関係にあるきょうだいがいる実子は10名中9名であり，1名が一人っ子だった。出生順では，第一子が5名，中間子が2名，末っ子が3名である。既婚者が5名で，そのうち子どもがいる実子は3名で，未婚の5名のうちインタビュー時に4名里親家庭で同居していた。協力者の両親のもとに委託された子どもは全ての家庭で5名以上であった。

　2つの調査期間から得られた21名の調査協力者のうち，一人っ子の実子とDeta: 1と2で重複する調査協力者を除き16名とした。結果男性5名，女性11名となった。実子の出生順は，第一子が6名，中間子が5名，末っ子が5名である。

（3）倫理的配慮

　この調査は「日本女子大学ヒトを対象とした実験研究に関する倫理審査委員

会」の審査・承諾を受け実施した。審査は Deta: 1 と Deta: 2 のそれぞれの調査に対して行っている。面接に関して，筆者から協力者に面接を依頼し，承諾した方のみ行った。面接にあたって，語りたくないことには答えなくてよいこと，途中で面接を拒否できること，プライバシーを厳守したうえで面接の記録を論文・発表等に使用することを十分に説明した。説明した後に，協力者に書面での内容確認のサインをいただいている。面接を行う場所は，面接内容の会話が外部に漏れないようプライバシーが保証される個室を選び，協力者に了解を取った上で行った。ただし，協力者が面接場所を指定した際は個室ではなく喫茶店などで行った。

　本章では一部の語り（年齢，性別，方言）に修正を加え，文中の委託児童の名前は○で明記する。本研究において，里親の実子を実子，委託児童を結果の一部では里子，実子の血縁関係にあるきょうだいを兄弟姉妹とする。

第3節　主観的なきょうだいの範囲の結果

（1）主観的なきょうだいの範囲の結果

　本研究の結果，実子には4種類のきょうだいの境界があることが明らかになった。4種類は以下の表の通りである。

　委託初期は『血縁による境界線』（兄弟姉妹のみをきょうだいとする），『境界線なし』（兄弟姉妹と里子全てをきょうだいに含める）の2種類であり，インタビュー時は『血縁による境界線』に加え，『選択的な境界線』（兄弟姉妹と一部の里子をきょうだいに含める），『生活の場による境界線』（家庭復帰した子どものみきょうだいに含めない）の合計3種類のカテゴリーに分けられた。そして，委託初期からインタビュー時の変化の5通りを以下 GroupA ～ E（以

表 4-1　実子が持つきょうだいの境界の種別

枠組み名	意味
『血縁による境界線』	兄弟姉妹のみがきょうだいとする
『境界線なし』	兄弟姉妹と里子全てをきょうだいに含める
『選択的な境界線』	兄弟姉妹と一部の里子をきょうだいに含める
『生活の場による境界線』	家庭復帰した子どものみきょうだいに含めない

下，GA 〜 GE と明記）に分け論じる。口語文は 　　 の中に，口語文を略す場合〈中略〉，言葉を補う場合や筆者の質問文は（　）の中に含めている。（参照：図 4-1)

① GA：『血縁による境界線』変化なし

　GA は委託初期においてもインタビュー時においても里子と兄弟姉妹を分けて捉えていた。捉え方は同じでもその理由に関してはいくつかの捉え方があった。この GA の特徴として全て女性であり，委託開始時の年齢は実子が 9 歳以上だった。ある実子は

（兄弟姉妹と里子は）別物でした。年齢（の差）が大きかったっていうこともありますね。

と述べた。実子と里子の年齢差は実子のきょうだいの境界を考える上で大きな影響を与えていた。

　また，別の実子はきょうだいの境界に対し，

それは普通に兄と妹って。分けてます。

と答えた。そしてそれは，

（里子とは）年が離れてるのもあって，ちょっときょうだいっていう感じはしない。でも，一緒の中にいるから，きょうだいよりは何かちょっと遠いけど，でも，いとこよりはちょっと近いみたいな，すごくこう，微妙な位置なんですけど。

と答えている。実子にとって里子は「微妙な位置」にいる存在であるということがわかる。

　GA の境界と答えた実子は，里親制度について理解できる年齢で最初の里子の委託があったことや里子との年齢が離れすぎていてきょうだいと捉えられない場合などの理由があった。また，実子自身の中で里子と分けて捉えていても，周囲の友達や地域の人にはきょうだいと捉えられることがあるため，その時に応じて里子をきょうだいに含めて説明するということも聞かれた。

② GB：『境界線なし』から『血縁による境界線』

　GB は委託当初は里子もきょうだいとして捉えていたが，インタビュー時には分けて考えていた。GB の特徴として，実子に複数の兄弟姉妹がいて，里子の委託人数も複数であり，実子が就学前もしくは比較的早い小学生の時期に委

第4章 里親の実子が持つ主観的なきょうだいの境界とその変化 147

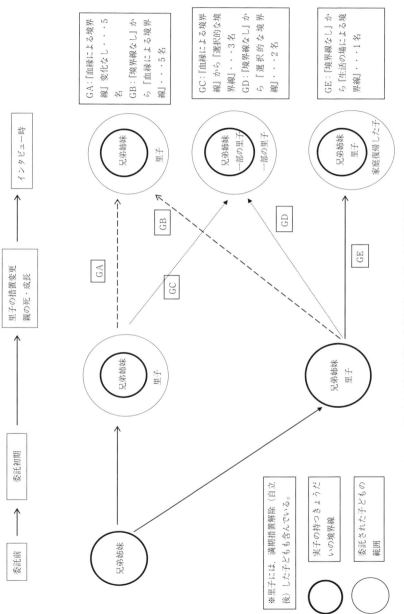

図4-1 実子が持つ主観的きょうだいの境界の変化

託が開始されていたことが挙げられる。

ある実子は

> だから，一番最初に来た子の，0歳の子は，完全に途中まで本当に完全にきょうだいだったんですよね。

と答えた。変化した時期と理由は，

> やっぱり自分が，妊娠してから。結婚してお母さんになるぞって。私，結婚と妊娠（がわかったのが）がほぼ同時なので，私お母さんになるぞって意識したときから，子どもは面倒見なくてはいけない。意識して面倒見てあげなきゃいけない対象になってたんですよね。

と語った。妊娠以降に委託された子どもはきょうだいと捉えられず，その後きょうだいは兄弟姉妹だと感じるようになったと述べた。

また，別の実子は

> やっぱり前に比べたらけっこう区切るようになったかもしれないですね。本当小さいときはもう完全に（兄弟姉妹と）同じ感じで感じてたと思うんですけど，最近はまあ，少し区切って考えてますかね。

と答えた。区切るようになった理由にはさまざまなことが考えられるが，年齢差や生活の出来事があると答えた。

兄弟姉妹のみになった理由として，ある実子は

> 一緒に暮らしてないし，私にはもう家庭があって，一家庭を築いてるからーその。やっぱ○○までは，妹，家族とは思うんですけど，そっからはやっぱちょっと，ちょっと違いますね。私の中で。

と捉えていた。共に生活するという経験が「妹，家族とは思う」ことにつながっているが，実子が自立することで境界に変化が起きることが示された。

兄弟姉妹が複数いる実子は里子が委託されることをきょうだいが増えるという感覚で捉えていたが，複数の里子の委託で年齢が離れる場合や家庭復帰する場合，里子との関係で上手くいかなかった場合や出産の経験があることで成人になるにつれ，きょうだいは兄弟姉妹のみと捉えていた。

③ GC：『血縁による境界線』から『選択的な境界線』

GC は委託当初は兄弟姉妹だけをきょうだいと捉えていたが，インタビュー時は一部の里子を含めきょうだいとして捉えていた。GC の特徴として，比較

的実子が大きくなってからの里親家庭での生活の開始があること，またインタビュー時の実子の年齢が平均年齢よりも高いことが挙げられる。変化の理由として里子と過ごした時間の経過や里子との経験がきょうだいと思うきっかけになっていた。

そのきっかけとして，ある実子は

> ただね，家族と思っても，きょうだいと思えるようになったのは親が死んでから

と答えた。この実子の場合，親の死がきっかけとなりそれまではきょうだいだと感じられなかったが，里子が実子の実親である里親の養育を受けてきたという実感がわいたからという理由できょうだいと感じることができるようになったというケースである。また別の実子は

> これまで一緒に育ったのに，実子だけが両親や家族の今後の事を背負っていくのは，不公平な感じがする。だから一部の里子だけには伝えたい。

と語った。

一部の里子だけをきょうだいとする理由は，実子が成人になってから委託されるケースの場合も含まれていることが理由として挙げられる。里親を親が始めた当初一緒に実子が住んでいない場合などは

> そうですね。印象にも残ってないですね。やっぱり3日とか4日しか会っていないので。

という語りで里子を捉えていた。共に生活をしなければ，例え両親のもとに委託された経験があっても，全ての里子がきょうだいの範囲には入らないことがわかる。

④ GD：『境界線なし』から『選択的な境界線』

GD は委託当初は全ての里子もきょうだいに含めていたが，インタビュー時は一部の里子だけをきょうだいとして捉えるようになった。きょうだいに含める里子は，例えば里子が実子にとって支えとなる存在であったり，長期間里親に養育されていたりする理由だった。また，きょうだいとして捉えないとする里子は，実子と年齢が離れていたり一緒に暮らした経験が短かったり実親との交流があるという場合だった。

ある実子はきょうだいについて

だから（里子の）妹はセットだったから，（きょうだいは）３人。

と答えている。（短期の委託児童はきょうだいに入れていないですか？）という筆者の質問に対し，

　入れてないですね。全然まったく（笑）だって，人数変わるじゃない，いちいち。

と答えた。これは，実子が成長し短期間委託された里子に対してはきょうだいとして捉えていないことを示している。

　また別の実子は，自分自身の過去を振り返り

　小学生の頃〈中略〉だから普通に，変わらずきょうだいとしてですかね，過ごしてたっていうその間は。その，だから，弟ができたって

とし，今でも一部の里子を弟や妹だと感じると語った。しかし，一方で

　やっぱりお母さん（実親）がいる子ってすごい，一線引く部分ってあるんですね。〈中略〉お母さんの居場所守るじゃないけど，そういうような部分があって，あんまりそこ踏み込み過ぎて，それは壊してしまうのは良いことなのかなって思う，〈中略〉だから深くこう，こっちがきょうだい，きょうだいって言う，そういう感覚ではないかな

と実親との交流のある里子に対しての気遣いをしながらきょうだいには入らないと語っていた。また別の実子は

　でもやっぱり，○○と□はちょっと特別な思いはあるかなって，正直ありますね。それはやっぱり，（実親と）会えない子っていう意味で。△っていう姓（実子と同じ姓）を使っているっていうのもあるんですけど，だからそういうのは思いますね，やっぱり。

と語り，里子が使う姓が同じだときょうだいとして特別な意識を持つことを示している。

　このように，実子は自分自身のきょうだいの境界線に対しても里子への気遣いをすることもあることがあった。また，里子との関係が共に生活した時間だけではなく一緒に過ごした経験や姓も関係していることがわかった。

　⑤GE：『境界線なし』から『生活の場による境界線』

　GEはこれまで親の元に委託された全ての里子をきょうだいとして捉えているが，家庭復帰した子どもだけ含んでいなかった。里子が委託されることは，

まぁ，もともときょうだい（兄弟姉妹）が多かったし，下もいたし，きょうだい（兄弟姉妹）の赤ちゃんの頃を見てるから。それとあんまり変わらないのかなって。

と述べた。

　これは GB 初期の段階と似ている状況である。しかし，GE は

　（実親の元に帰った子どもはきょうだいに）入ってないですね。一緒に暮らしていないから。だって，もう親の元に帰っているわけだから。自分の。

と答えていた。現在も実子の親（里親）と一緒に生活していないからきょうだいとは捉えられないとする理由だった。それは，家庭復帰した子どもへのある意味での配慮であるということを語っていた。

（2）実子の主観的なきょうだいの範囲に対しての葛藤

　これまで6種類のきょうだい観とその変化を取りあげてきたが，それぞれの背景には生活での出来事や状況などが関係している。その中で，実子がきょうだい境界に関係する葛藤を持つことがあった。

　例えば，ある実子は，

　なんかたまになんか，友達のおうちとかにいくと，「あなたのおうちの，あの男の子は，跡取りのためにもらってきた子でしょ？」って言われて，

と語り，それがとても苦痛であることを明かしている。また，別の実子は，

　嫌なのは，あの，「これがお姉さんです」みたいに紹介されるのは抵抗があったんですよね。

と述べた。また，きょうだいに関する質問をした際に，

　今はなんかやっぱりなんか，しゃべるの難しいですよねやっぱ，きょうだいの説明をするってなると。ただ，分けるっていうのは正直嫌なとこですね。

と述べた実子もいた。Heidbuurt は，実子は家族の質問を受けた際に『正しい回答』を応えることを強いられていると述べているが，日本においても社会が持つ里親に対しての印象やその質問者が得たいとする回答を実子が答える状況があると考えられる。インタビューの中で社会からの考えや視点を気にしながら質問に答える姿もあった。

　（外で，きょうだい何人ですかって言われたときは？）

外で聞かれたときは，「４人です」って答えてた。ていうのは，何だろう。この全部の人数を答えてしまうと，えっ？ってなるから。なんかこう，社交辞令的。

　また別の実子は，きょうだいに里子を含めることについて，

> その子は世間……，表向けにはきょうだいだから。

と周りの友人との関係などから答え方を決めていることがわかった。

　また，実子はきょうだいと主観的家族観には変化を付けている場合が多く見られた。きょうだいには里子は含まないが，家族には里子を含む場合が大半を占めていた。

> （家族何人ですかって言われたときにどういうふうに答えてた？）
> 　うーん，まあ，でもそのときの（一緒に住んでいる）人数で言ってると思いますね，やっぱり。まあ，ずっとここ数年は９人なんで９人って言ってますね，やっぱり。
> 　〈中略〉
> （きょうだい何人って言われたら何て答える？）
> 　きょうだい，本当のきょうだいが２人で，里子が４人とか言ってますかね。

　家族の境界ときょうだいの境界は必ずしも一致はせず，きょうだいの方がより親密的なカテゴリーになることが理解できる。しかし，その親密性は人により，血縁であったり，信頼度であったりと異なっていた。

　家族にも何段階か境界がある場合があり，そのことについて，ある実子は次のように語っている。

> 　家族っていうのは僕的には，よく，血はつながってなくても家族って言うじゃないですか，家族だよとか，言ったりするけど，やっぱり血がつながっていると，何でか本当に素を出せるわけじゃないですか，血のつながっている家族とかは。でも，やっぱり新しく来た子だと，時間はかかるけど素を出せるようになったら，この人は自分を分かってくれる人だなって，受け入れるんだなって，それで僕的には家族になるんじゃないですかね。ただ，同じ家の下にいるんじゃなくてみたいな。

　同じ家に住むこと＝家族ではなく，素を出せるようになる＝家族という理由がそこにはあると語っている。

第4節　本章のまとめ──4つの主観的なきょうだいの境界──

　本研究の結果，実子が持つ主観的なきょうだいの境界は4つの種類があり，一人ひとり異なった変化があることがわかった。またその変化にはいくつかの特徴があった。

　一つ目として，実子が持つ主観的きょうだいの境界は，委託児童の増加や里親家庭での出来事などで変わりやすいということが挙げられる。里親家庭の場合，委託児童が複数人（複数回）委託されるということは珍しくない。また，その委託児童の里親家庭で生活する期間も18歳（もしくは20歳）という里親としての終結はあるにしても，一人ひとり全く異なっている。そこに実子の成長を重ねると，その組み合わせは数えきれない。したがって，今回のきょうだいの境界線以外にも変化の過程はさまざまであることがわかる。

　二つ目は，法的にも血縁的にもつながりのない委託児童と実子の関係は「一般的なきょうだい関係」とは大きく異なっていることである。例えば，多様な家族の中の養子縁組の場合も血縁関係にはないが，法的なつながりを作る。また，ステップファミリーはどちらか片方の親が子どもとは血縁関係にあることがほとんどである。家庭内のケア役割を担うことの多い障害児や病児のきょうだいは法的にも血縁的にもつながりのあるきょうだいである。そのため，血縁と法から見ても里親家庭の子ども同士の関係は非常に特殊であると考えられる。

　三つ目は，実子がきょうだいの境界線を持つことによって，きょうだいの線引きをしなくてはいけない葛藤や委託児童に対しての親しみや遠慮の気持ちを持つなど多様な心的な変化があることである。二つ目で挙げた里親家庭の特殊性を踏まえると，普通ならばきょうだいの境界線を持つことに対して大きな感情は動かされないのかもしれない。しかし，本研究では委託児童をきょうだいに含めないことに罪悪感を持ったり，逆にきょうだいに含めることに対し遠慮をしたりする語りがあった。さらに，家族を意識させるライフサイクルのイベント（例えばお葬式や結婚式など）は新たに実子の家族やきょうだい意識を意識化することであり，家族で行うことを前提としているイベントの前後において実子の心的な変化がありそれは何らかの困難を感じさせることもあり得ると

いうことが言えるだろう。

　さらに，四つ目として，一部の種類において，ジェンダー，委託当初の年齢，実のきょうだいの人数による差がみられたことを挙げる。年齢では，里親養育を開始した際に実子の年齢が高ければ委託児童をきょうだいとして含めなくなることが示された。また協力者の男女比が同じではないが，女性の方が委託児童をきょうだいに含めないことが多く見られた。さらに，実のきょうだいが多い場合，委託児童をきょうだいに含みやすいということが示された。しかし，実子と委託児童の年齢が離れている場合や委託児童の措置の人数や回数が増えることにより，実子の主観的なきょうだいの境界が実のきょうだいのみになることが示された。

　きょうだいの境界線だけを取りあげてみても実子の意識は多様であり，その心的な変化が実子の葛藤や課題へ繋がる可能性もあると考えられる。国外の研究において明らかにされている実子の喪失にはこのきょうだい意識も含まれると考えられる。実子は里親養育の中で委託児童ときょうだいのように生活をしていることが多く，地域や学校で受けるさりげない家族やきょうだいの会話や質問などを受ける際，周囲の状況や家庭環境を考えながら回答する生活を送っていることがある。里親よりも実子は委託児童の生活の中で近くにいることが多く，委託児童の助けになることも多くあると考えられる。そのような実子の立場の理解は今後里親家庭を支援していくにあたり欠かせない視点になるだろう。また里親やファミリーホームに限らず多様な家族や家庭環境が増える中で，子どもの家庭内の人間関係が子どもに与える影響や意識の変化などをさらに深めていきたいと考える。

終章　里親家庭の実子を生きるとは

第1節　里親家庭で成長する実子

　これまで述べてきたように，実子は18歳以下（もしくは日本においては成人するまでの20歳以下）であれば両親に養育される立場であり，ともに同じ家庭内で成長する委託児童とはお互いに大きな影響を与え合っていることは明らかである。

　これまで，国内において里親の実子に関する関心や研究は非常に少なかった。また，国外においても実子の成長発達のプロセスと里親養育の関係を明らかにした研究は見られていない。本研究では，実子の成長発達やライフイベント，里親家庭の構成員の変化による実子のさまざまな意識の変化と今後の実子を含めた里親家庭支援のあり方を，近接領域を含めた先行研究やインタビュー調査から明らかにすることを目的とし，各章においてさらに詳細な目的を挙げて論じてきた。

　本研究において明らかになったことの一つとして，里親養育の開始時の実子の年齢によっての青年期における意識の違いは見られなかった。しかし，最初の里親制度の説明内容や同意の取られ方，地域社会の中で実子が家族やきょうだい，もしくは里親の説明を行う際の内容などについては，年齢による違いがあった。

　二つ目に，年齢の他に本来のきょうだいの定位置の揺らぎも実子には大きな影響を与えることがあり（Younes and Harp, 2007），実子よりも年齢の低い子どもを委託した際には，実子の末っ子に大きな影響を与えることが，本研究においても一部認められた[※1]。

　さらに，本研究では実子の性別を詳細に明らかにしていないが，ジェンダーの差もいくつか明らかになった。先行研究でも述べられているように，女性

の実子の方が男性よりも責任感が強いことが明らかになっている（Hojer and Nordenfors, 2006）。本研究において，男女比の比率が女性に偏っている限界があることを前提にするが，女性の実子の方がより実子であることに悩み，家族との関係も複雑である語りがみられた。また，協力者全体を通して里父についての語りがあまりみられず，里母に養育の偏りが見られる傾向が強く，日本において里親養育は女性が中心となっていることが理解できる。宮島（2009）は，里親支援が専業主婦モデルを目的とする里母中心に行われていることを指摘し，里父だけではなく実子，祖父母，親戚まで拡充していくことが重要であると述べている。この女性へのケア役割の偏りは，実子にも当てはまることであるとも考えられる。実子の語りの中で母親の家事などをサポートし相談相手になる語りは男性の協力者と比較して女性の協力者のほうが多くみられた。それは実子が結婚し出産してからも続くことが示されていた。このジェンダーの差はヤングケアラーの調査においても指摘されており（Dearden and Becker, 2004），里親家庭も同様であることが考えられる。

　里親養育の中心を担う里母とその母親をサポートする娘である実子の関係は，一般的な母娘関係の上に成り立つ。一般的に母娘関係は母息子関係よりも密着し，課題の多い関係とされている。母娘関係の葛藤や課題を対象にした書籍や論文が多く出されている（信田，2008；齊藤，2008）。そこには母に認めてもらおうとする娘と，母の娘に対する厳しさや理想像を押し付ける傾向のあることが示されている（信田，2008；加藤，2012）。そしてその関係が難しくなってもなかなか母の元から離れることができない娘がいるということが明らかになっている（加藤，2012）。これまで実子の語りからも，さまざまな葛藤を抱えた実子が委託児童や親を心配し，「自分が居なくなったら家族が崩壊する」という感覚を捨てられずに生きていることもあるということが明らかになった。そこには，普通の母娘関係にはない里親制度への関心や賞賛があり，その社会からの視点は実子にとって無意識のうちにプレッシャーとなっていることが言えるのではないか。

　また，実子が結婚し子どもを出産した後に，実子の子どもと両親の元に委託されている子ども（里子）との関係に悩み，自分の子育てを通じて実子自身の過去を振り返ることが明らかになった。これは里親家庭特有の経験と関係が生

まれていることになる。一般的な家庭であれば，実子が独立し家庭を作るころに，両親が新たな子どもの養育を開始することや孫と同年齢の子どもを養育することはほとんどないことである。これまで国内外の研究において子育て経験をすることによる実子の意識の変化に着目したものはない。里親家庭で生活した経験は，実子が里親家庭で生活している時だけではなく，里親家庭を離れた自立後にも大きな影響を与える。今後の里親家庭支援を考える上で，委託児童の自立だけではなく，実子の自立後の影響も踏まえた視点を持つ必要があるといえる。

　さらに実子のいくつかのプロセスから，実子が委託児童や里親からの影響を受けるだけではなく，日本における社会的な背景の影響も大きく受けていることが挙げられた。ある実子はインタビュー後再度お会いした際に，次のように述べている。

　里親は日本の中でマイノリティだけど，私たち実子はその里親家庭の中でマイノリティなんだよね。（インタビュー後の会話：協力者掲載了解済み）

　この実子の語りは，日本の里親家庭の実子の一面を表している。里親家庭のある地域社会において，実子は「称賛される里親の実子」としての役割を持っている。一般的に家族や家庭へのイメージが幸福や肯定的に語られる中で（杉井，2005），血縁関係にない子どもを養育し家族を作り上げようとする里親に対するイメージがより「愛情」や「優しい家庭」というものを前面に押し出していると考えられる。入江（2011）は里親の立場から里親やファミリーホームの運営者が「奇特な人」として差別や偏見と極めて似通った文化的・構造的な力学があるとし，実子が委託児童から暴力を受けても里親養育を止めずにがんばってしまった経験から家庭内の密室化についての危険性を述べている。それは，里親に限らず，里親に養育される実子も委託児童や里親への愛情や優しさを暗黙のうちに期待されていることを示している。里親になろうとする親はそういったイメージがあることを前提に里親になっているが，実子は自ら里親になっていないためそのイメージは生活の中で後付されていく。そして，親の里親をしたいという夢や目標と，委託児童の生きてきた背景を知ることにより，苦しさや不安というネガティブな発言を出さないように生きている。委託児童が多く委託される場合は里親家庭の中で「実子」という存在は相対的に少なく

なり，家庭の中でも家庭の外でもマイノリティとしての立場が続いていく。

　国外において，実子の調査は里親家庭で子どもとして育っている自立前の調査がほとんどであり，本研究のような青年期の実子のナラティブな調査はされてこなかった。誰でも人間は自分の子ども時代の育った環境や人間関係を土台に人生を歩んでおり，それは実子も同様である。青年期の実子が自分の過去を振り返り語った内容は，忘れている過去の出来事があるという点において限界がある反面，実子の人生がどのように形成されているのか，またその人生をどのように実子が考えているのかを明らかにする点において非常に重みのある語りとなっていると考えられる。実子が出産や結婚において自分の子ども時代との比較から無意識的な感情を意識するプロセスや，他の実子との会話から生きづらさの内容を理解し考えていくプロセスは，実子の大切なナラティブであり，この語りは人生に大きな影響を与えていると言える。

　本研究ではインタビュー時において里親と関わりのある実子にインタビューを行ったが，里親と関わりを持つ実子の中にも自身のメンタルヘルスの問題を抱え，過去の里親家庭での生活の振り返りを行い現在でも苦悩する姿があった。全ての実子が苦悩しているわけではなくメンタルヘルスに問題を抱えず，実子であることが良かったとポジティブに語っている実子もおり，そこには里親家庭での生活以外の学校や地域での体験，実子が持つ気質も大きく関係していることもあるだろう。また，ポジティブに実子であることを捉える実子の語りから，両親や友人とのコミュニケーションを十分に取っている姿が見られた。それは TEM の中で SG として描かれ，いかに周りからの支援や支持を実子が支持として受けいれているかということだろう。佐々木（2007）は子どもの医療福祉に関する論文の中で，健康な子どもを育てる家族の特徴として以下のように述べている。「子どもたちは家族問題の決定や解決にパワーは弱いが，発言等は保障されており，防衛的になる必要はなく，家族の課題は協力して遂行されることを知っている。」（佐々木，2007：34）。このように，実子が里親の実子であることを否定されず，発言していくことが非常に重要であることがわかる。

　しかし，多くの語りから明らかであるように，日本において実子の支援はほとんど行われておらず，困難を抱えた場合にきょうだいのサポートや友人の理

解などインフォーマルな少ない資源に頼っていることがわかる。しかも，きょうだいがいない場合や友人の理解がない場合など，実子は誰にも頼ることができないこともあるのではないかと考えられる。現に，本研究において苦悩や複雑さを抱え，会社や学校に行くことができず，精神的な課題を抱えカウンセリングを受ける実子の姿があった。さらに，喪失の点から見ても，社会で里親制度が理解されているとは考えにくく，実子が里親家庭で喪失を経験することは社会から見落とされており，失ったものとして挙げられるのは目に見えない関係性や空間的なことであることが明らかになった。これは Doka（2008）の示す「公認されない悲嘆」だともいえる。

　園井（2010）は里親への調査の中で「里親になる動機」に「里親の実子として育ったため」という項目を含めていた。また，その際に里親の実子としての経験が里親になる動機になると述べていた（園井，2013）。里親となった実子の中にはポジティブな感情だけで里親になった場合もあると考えられるが，これまで国内外で明らかになった実子の意識は非常にアンビバレントな感情が多いことがわかる。本研究の協力者の中で里親となった実子が数名いたが，彼らは里親家庭で育って良かったというポジティブな動機だけで里親になったのではなく，自らの過去や子育て経験から自分の親を反面教師的に見直し，自分自身の成長過程で足りない部分を補うように努めていた。そのうちの一人の実子は，インタビュー後に次のように語っている。

> 自分が里親家庭で育ってきた中で，（里親養育に関する）説明がなかったりもっとほしかったりしたので，子どもたちにはすごい説明をしている自分がいるんですよね。（インタビュー後・掲載承諾済）

この語りのように，自分の親をある一面批判し反撥する実子の姿は里親家庭の隠された一面を明らかにするうえで非常に重要であり，今後の里親への支援や里親認定・更新の際に個別に実子の意見を聞く必要性があると考えられる。また，家族の同意は里親養育を開始する際には必須な条件であることが挙げられていながらも，実際には行われていない現状は早急に改善していかなければいけないことである。その家族には実子や祖父母，その他親族，既に委託されている子どもが含まれる。

　日本では 2010 年に杉並区内の養育家庭に委託していた児童が死亡し，その

後，当該養育家庭の里母が2011年8月に傷害致死容疑で逮捕される事件が起きた。この里親家庭には当時中学生と小学生の実子がおり，事件が起きる前に他の里親が実子の養育負担を懸念した声が出ていたとされる（東京都児童福祉審議会，2012）。事件や事故が起こってからの聞き取りではなく，日ごろから家族全員への聞き取りを行うことは，里親制度の中の事件や事故の防止にもなると考えられる。イギリスにおいては，里親認定の際に個別の実子への面接を行い，それまでの親の子育てに関して実子に質問することが必須となっている（Thoburn, 2010）。また，筆者がイギリスにおいてフォスタリング機関の訪問を行った際には，1年に1回実子がフォスタリング機関に親の養育に関してや里親家庭についての意見をレポートすることになっていた。先述したようにOfstadのレポートにおいても実子への記述が示されている。日本と国外の里親制度は文化や政策によって全て同じではなく異なっていることもあるが，今後日本において里親委託を進めていく上で，実子への聞き取りによって里親の養育の内容を明らかにしていくことが必要である。

　国外における実子の調査の中で実子と里親のアタッチメントの重要性を述べている（Sutton and Stack, 2012）。アタッチメントはボウルビィが明らかにした幼児期の母子や両親がいない場合はある特定の養育者との関係の構築が重要であるという理論である（Bowlby, 1951=1967）。確かに，アタッチメントとは乳幼児期において人間の基礎となる重要な形成にあたるが，両親やある特定の養育者との関わりは乳幼児期で終わるわけではないことは明らかである。これは里親家庭に限ったことではなく，人間が成長する上で特定の養育者以外の家族や友人，知人との関わりも非常に重要になることは当然であると言える。林（2014）は委託児童のアタッチメントは幼少期だけではなく継続的で複数のアタッチメントが必要であることを示している。里親家庭で実子と委託児童を養育する場合，和泉（2007）の指摘した「不均衡な関係」に実子と委託児童が陥りやすい。そうであれば，委託児童だけではなく，実子にも複数のアタッチメント形成ができるように周囲の大人が支援していく必要があるのではないかと考える。

　繰り返しになるが，日本の里親制度の中で実子は支援や研修などの対象からは外されている存在である。もちろん，里親家庭全体のバランスなどを考えて

いくことは里親委託の際のマッチングや支援の一部になっていることであるが，実子だけの面接や支援というものは公の活動において認められていない。里親家庭は支援の対象であるが，里親の実子への支援はないという，この曖昧な存在や境界線は実子のアイデンティティを形成する上で非常に困難であるともいえる。国外の研究では実子が里親養育に携わる一員としての意識が，実子が孤立しないための大切なものとして挙げられている（Sutton and Stack, 2012）。日本において，この「チームの一員」としての意識が実子にとって大切なものであるかは不明確な部分ではあるが，本研究からも「委託児童に関する情報や事前の相談がなかったためもっとしてほしかった」，「必要だった」と語る実子がほとんどだった。ある実子は委託児童や里親養育に関して受け入れられないことを自己責任と感じ，自分自身が里親家庭内に必要ないのではないかと悩んだという語りもあった。Serbinski and Brown（2017）も明らかにしているように，実子支援にはその国の政策・支援者の時間・財政面などの制限があり曖昧な中での支援は難しいこともあるだろう。しかし，実子はクライエントでもないが，ボランティアでもなく，子どもの権利を保障されるべき存在であるならば，支援する対象となるのではないだろうか。

　さらに，社会における「里親養育への認識の低さ」や「里親制度への称賛」は，社会における里親養育の役割とそれに伴う実子の家庭内の役割に大きく影響している。実子は子ども時代から家庭内の役割を暗黙のうちに期待されているが，日本において実子の葛藤や相談を受ける場がないことも，実子が葛藤を抱えた場合さらに深刻化させる要因である。今後，実子が相談できる特化した相談機関を持つ視点だけではなく，現在行われている里親支援の中で実子も含めた里親家庭全体を支援していく視点を強化していくことも重要である。なぜならば，その里親家庭全体を支援する視点は，実子と委託児童の養育に悩みながら生活を送っている里親への相談，実子と委託児童の関係が複雑化した場合の両者や里親への支援に非常に関係があり，重要であるからだ。

第2節　ヤングケアラーとしての実子

　これまで多くの実子の先行研究が論じているように，実子は里親家庭内でケ

ア役割を担うことが示されている。そしてそのケアとは委託児童へのケアと里親である親へのケアの両面から論じることが必要である。実子へのインタビュー調査の中で，実子は里親家庭において家事や養育，里親である親の精神的な支え（親や委託児童のアドボケイトを含む）などの役割を担うことが明らかになった。里親家庭は，自ら里親が委託児童のケアをするために里親に登録し，ケアをするための人としての登録を受けるという点が非常に大きい。病児や障害児のある家族は，自ら進んで障害や疾病のある人の家族となっているわけではない。「自ら」なるのと「運命」としてなるのには大きな違いがあると考えられる。[*2]

　しかし，里親とは異なり実子は自ら里親家庭の一員になることを選んでいない点にもう一つの難しさがある。自ら進んで里親になった親とそれを受け入れる実子の間には大きな意識の違いがあり，委託児童を引き受ける里親家庭の中で温度差があることになる。里親の認定をする際に家族の同意は必要となっているが，実子への同意の取り方は自治体やその調査をした職員の考え方で大きく異なっている（林ら，2014）。また，日本の現在の実子への同意の取り方には決まりがなく，里親等委託率を上げるために，例え実子が里親養育に対して難色を示していても十分にその理由や意見を聞き対応することは多くないだろう。それは本研究でも示されているように，実子と専門職との間での会話がほとんどないことからも示されている。実子に同意は現在の日本の里親制度の中ではほとんどとられていないといっても過言ではない。

　ヤングケアラーの特徴として，情緒的な成熟があるとされているが，それが過度なことであれば，青年期以降も大きな影響を与えることが示されている（三富，2000）。聾者の耳の聞こえる子ども（CODA）もヤングケアラーとしての立場をとることが日常的に多いが，CODA に関してアメリカの研究ではアダルトチルドレン（AC）との関連性を語ることが多いとしている（澁谷，2008）。アダルトチルドレンは「Adult Children of Alcoholics（アルコール依存症の親のもとで育ち，成人した人々）」とされるが，現在日本において，「Adult Children of Dysfunctional Family（子どもの成育に悪影響を与える親のもとで育ち，成長してもなお精神的影響を受けつづける人々）」となったとしている（澁谷，2008）。アメリカにおける CODA の調査から，CODA

はアダルトチルドレンと共通する言葉が多く聞かれているとしている（澁谷，2008）。例えば，「早すぎる義務（premature duties）」，「親化した子ども（parentified child）」「過度に責任のある（overly responsible）」「小さな大人（a little adult）」「失われた子ども時代（a lost childhood）」などである（Preston, 1994=2003: 234）。これらは実子の課題として挙げられている「純粋な子どもらしさの喪失（loss of innocence）」も含まれていると考えられ，実子がACとしての一面を持っているとも言えるのではないだろうか。

　子どもにとって，家族やきょうだいの境界線や子どもであることを線引きすることは非常に重要なことと上岡・大嶋（2010）は述べている。第4章で明らかにしたように，実子のきょうだいの境界は委託児童の委託や措置解除，実子の成長とともに大きく変化し，流動的になっていることがわかる。その変化は実子にとって新しい家族関係との出会いでもあるが，同時にそれまでのきょうだいの境界というものを失う経験にもつながっている。その経験の中で実子がケア役割を行うことは里親や委託児童との関係性が非常に難しいと考えられる。

　そして，もう一つのヤングケアラーと実子の共通する特徴として，親の実子に対する姿勢である。ヤングケアラーの親は子どもの影響には無頓着であるように見えるとし（三富，2000），そのことが子どもの問題を家族の問題としまい込むことにつながっていると指摘している（北山，2011：7）。これまでの国内外の研究から，里親家庭において全ての里親が実子への影響を十分に考えた上で里親になっているとは言えない。例えば，実子への面接などが日本よりも行われていると考えられるイギリスの調査において，「親である里親と里親養育について充分な説明や話し合いをしたか？」という実子への質問に対し，実子の多くが「NO（60%）」や「Don't know（12%）」と答え合わせて70%を超えている（Walsh and Campbell, 2010）。また，ヤングケアラーの親と同じように，委託児童の問題は里親関係機関に打ち明けられても，それに伴う実子の問題は家族の問題としてしまい込むことにつながっている可能性は高いと言える。

　さらに，澁谷（2002：80）はCODAの多数派社会からのプレッシャーを感じることを指摘し，「このような現象は，マジョリティ文化とマイノリティ文化が接する時に，多かれ少なかれ起こっていることだと言える」と述べている。

そのプレッシャーとは，CODA が耳の聞こえない障害のある親よりも，耳の聞こえない親と社会とをつなぐ役割をしており，その文化の間にいることを述べている。澁谷はそのようなジレンマを抱える CODA のことを「境界者」と呼んでいる（澁谷，2002）。これは実子の持つ一般との価値観の違いと里親家庭での生活の間にいるということと類似していると考えられる。CODA という存在は日本においてマイノリティであるが，耳の聞こえる子どもという立場はマジョリティでもある。実子の場合も，里親の実子という存在はマイノリティであるが，両親のいる子どもという立場はマジョリティだ。CODA も実子もそのマジョリティ文化とマイノリティ文化を日々の生活で行き来しているうえでは境界者と呼ばれるのかもしれない。

第3節　主観的な実子のきょうだいの範囲の獲得と喪失

　本書の研究のひとつの目的として，実子が持つ主観的なきょうだいの範囲を明らかにすることを挙げた。また，なぜ家族ではなくきょうだいの範囲を取りあげるのかということに関しては，里親である両親が実子のきょうだいを得るために里親養育を始めることがあること，委託されてから家族だけではなくきょうだいとしての立場を周囲の人から求められることがあることが示されていることなどを述べてきた。第1章でも先述したとおり，家族に関する研究と比べるときょうだいに関する研究の数は少ない。特に主観的なきょうだいの範囲はほとんど明らかにされていない現状にある。

　実子の主観的なきょうだいの範囲を明らかにした結果，実子のきょうだいの範囲は非常に変化が大きく，委託児童の措置，措置解除やライフイベントにおいて実子の持つきょうだいの範囲は一定ではなく流動的になる可能性が高くなることが示された。一般的な家庭でも，きょうだいではなく家族に関しても曖昧である指摘はなされてきているが（山田，1992），里親家庭という限定された場合はより曖昧になることも考えられる。また，きょうだいの範囲を考えるにあたり実子が罪悪感を持ったり，遠慮をしたりするといった葛藤が明らかになった。

　主観的なきょうだいの範囲は獲得と喪失とも大きく関係している。それは

元々のきょうだいの範囲という実子の意識を委託児童が委託されることによって失い，新しいきょうだいの範囲を獲得するという場合がある。しかし，実子の中にはきょうだいの範囲を里親養育の開始からも変えないケースがあり，そこには性別や委託開始時の年齢が本研究の中では一定の差があった。さらに範囲を変えない場合であっても，そこには大きな迷いや葛藤があることも付け加えるべきであろう。主観的家族論を障害者の家族から調査した土屋（1999）は障害者の家族観が時間的経過や個々人の経験によって常に変更されていることを明らかにしている。里親家庭の構成員の変化だけではなく，土屋が示すように経験や時間的経過が実子の主観的きょうだいの範囲を変化させているとも言えるだろう。

　インタビュー対象者の中には筆者がきょうだいについて質問するまで，「きょうだいの範囲について深く考えたことがなかった」と語り，回答に時間のかかった実子もいた。実子がきょうだいの境界線を曖昧なまま捉え，生活を送っていることも一部あることもわかった。しかし，実子は「きょうだいは何人か？」という生活で行われる質問に対して相手やその場の状況を考えた上での答えを考えていることも示された。山田（1992：164）は「『家族であること』は，家族の内側だけでなく，外側からそのリアリティが強要されることもある。」と述べているように，家族やきょうだいと捉えるべきという外側からの強要が里親家庭でも起きているともいえる。しかし，本研究において，実子は委託児童がいる前できょうだいや家族について聞かれた際，委託児童に気を遣い回答を変えることを語った実子もおり，主観的なきょうだいに関して実子は家庭内での強要もされていることが考えられる。Heidbuurt（2004：8）は実子の家族の境界線についての研究で，「実子は時々里子と親や家庭を共有していてどう感じたか尋ねられた時に良い回答を言わざるをえないと感じている。」と指摘している。

　実子の主観的な家族やきょうだいの範囲を明確に示すことは重要でないかもしれないが，子どもがアイデンティティを形成する上できょうだいの定位置やきょうだい関係は非常に重要な要素である。国外の実子のためのワークブックには最初に「家族が誰であるか」という問いと家族の名前を書くスペースがあるように（BAAF, 2003），家庭内で新しく構成員を迎えて養育する里親養育の

中で育つ実子にとっては家族とはきょうだいとはという問いを日頃から考えていくことも，他者と自分とを分ける一つの方法と捉えることができるのかもしれない。また，里親の認定を受ける際や里親養育が開始される前に実子に，委託児童には実親が存在し，何らかの理由でともに生活を送る制度ということ，里親制度の意義，制度の内容，両親が里親を選択する理由などを実子に伝えていく必要もあるだろう。それは家族やきょうだいを考える上だけではなく，委託児童が里親家庭から離れる際に実子が抱く喪失感や罪悪感を緩和することができることなのではないだろうか。そして実子にも委託児童に対しても，里親や里親支援にかかわる支援者がお互いのきょうだいとしての境界線を強制することがないように配慮することは必要なことだと考える。

　もう一つ重要な点として，実子のきょうだいの範囲は里親である両親や実のきょうだい（もしくは委託児童だった元里子）の死という喪失によって変化する可能性があるということが示された点を挙げたい。特に両親である里親の死後も実子と委託児童の関係が継続されることは大いに考えられる。例えば，その継続された関係は元委託児童のサポートや交流をする一般的な「親族」のような関係が考えられる。関係の継続の有無やその頻度や深さなどが実子の主観的なきょうだいの範囲と関係するかは今後の研究の課題でもあるが，本研究においても実子の結婚後に元委託児童のサポートを行う実子の姿も見られた。委託児童側の視点に立ってみると，ともに生活をしたことのある実子は委託児童にとってインフォーマルな資源になることが言えるのではないだろうか。インタビューの中で，実子にとって委託児童は「いとこのような関係」と述べた協力者がいたが，実子にとっても委託児童が貴重な存在になることもある。これまで里親家庭は家族や親子という視点でしか捉えられてきていないが，同じ養育者に一定期間育てられた子どもの関係からも捉えていく必要があるのではないだろうか。

第4節　実子と社会制度との繋がり

　これまで述べてきたように，実子がどんなにマイノリティとしての生きづらさを持ち，ケア役割を引き受けたことによってヤングケアラーになったりした

としても，一度両親が里親養育を開始すれば，それを取り戻すことも消し去ることもできないことは事実である。また，実子にとって里親家庭で生活してきたことが全て喪失ではなく，全てが獲得された経験でなくても実子でいることをポジティブに捉えていくことができる実子もいる。本研究の協力者の語りは日本にいる一部の実子の語りであり，その語りは協力者のすべてを表している訳ではない。しかし，実子が里親家庭での経験を人生の糧と捉え，自らの人生を選択し歩むことはとても大切なことである。

では，人生の糧として実子が捉えられるようになるためには何が必要なのだろうか。もしくは，実子が自らのウェルビーイングを大切にし，生きるためには何が必要なのだろうか。

次の図（図5-1）は，現在の日本の里親家庭を表した図である。波線は社会からマイノリティとマジョリティを分ける線である。もちろんこの線は一人ひとりによって異なっているが，里親家庭は日本において認知されにくいことから波線の下にいる。実子は里子（委託児童）や里親と関係はあるが，社会制度とは繋がらず，社会から見てマイノリティであり，より社会から公認されない深いところにいることを表した図である。そして，このマイノリティの波線は悲嘆において公認されにくい場所にいることを示している。

しかし，本研究において，実子と近接領域の分野において繋がりがあることが明らかになった。この共通点は非常に重要であり，例え同じ里親家庭の経験はなくても，似たような経験や意識を持っている人がいて繋がることができる

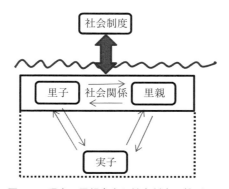

図5-1　現在の里親家庭と社会制度の繋がり

可能性がある。

その関係を表したものが図5-2である。

まず、実子が里親や里子（委託児童）と同じように社会制度（里親制度）と繋がっていく必要がある。里親家庭の一員として支援を受けられることが不可欠であることは、国外のこれまでの研究から明らかになっている（Sutton and Stack, 2012）。実子が里親養育のチームの一員として必要な存在であるということは実子の肯定的な感情を生み出していくことができると考えられる。そのためには、里親に関する社会制度と実子が繋がる必要があり、それが実子への面接や説明だったり、困難が生じた時の支援だったりすることである。

また、里親家庭の周りには、同じようにマイノリティとして、障害児や病児の家族、ヤングケアラーの家庭、ステップファミリー、他の社会的養護の施設の中で職員の実子がともに育つ家庭（例えば児童自立支援施設の夫婦制や地域小規模児童養育施設など）との繋がりができることで、その周りにある支援の内容が、実子にも活かすことができるとも考えられる。本研究でも取り上げた、喪失に対してグリーフケアがあるが、実子の喪失体験に対してグリーフケアも一部有効であるとも考えられる。水澤・スコット（2010）はアダルトチルドレンと喪失に関して述べており、実子に対してもグリーフケアを行うこととの関係もあると考えられる。また、病児や障害児のきょうだいの支援の中で少しずつ広まっている支援内容も共有していくことが可能である。特にきょうだいへの障害や疾患についての告知や説明方法に関しては少なくとも医療関係者の間

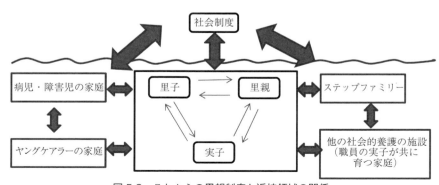

図5-2　これからの里親制度と近接領域の関係

では周知されつつある（石崎，2003，2004；Duffy and Valentine, 2011＝2013）。セルフヘルプ・グループに関しては，活かされることであると考えられる（吉川，2002；松本，2013）。さらに，里親の実子と同じように，これまでほとんど研究がされてきていない児童養護施設や自立支援施設の職員の子どもへの視点を持ち，お互いに資源として活用していくことができる可能性がある。

　実子がよりよく生きるためには，「実子で良かった」と思える自己肯定感が重要であり，それを培うには両親との関係，委託児童との関係，気持ちを共有できる友人や大人が必要だと考えられる。里親支援という言葉が聞かれるようになり里親支援機関事業や里親支援専門相談員などが制度化されたが，そういった里親の支援の専門職が実子も含めてのケアをしていくことが望まれる。一方で，里親養育における「里親家庭の応援団」の必要性を藤林は述べているが（藤林，2011），それは里親家庭全体に対しての応援団と，それぞれの違う立場に立った応援団が必要であるだろう。

　本研究で明らかにされた実子の意識とその意識変容のプロセスは，里親支援が里親家庭全体への支援となるためにも重要な里親家庭の構成員である実子の語りによって明らかになったものである。また，実子の視点は，今後の里親支援だけではなく，先に述べたように他の社会的養護の施設内で育つ「実子」に対して光を当てていくことにも繋がると考える。また，ヤングケアラーの理解や障害児・病児のきょうだいの理解にも繋がることでもあるだろう。今後は，国外で行われているような実子への個別な支援プログラムを日本において作成する際に本研究で明らかになった新たな知見や実子の語りは非常に重要になると考えられる。

第5節　本研究の限界と今後の課題

（1）本研究の限界と課題
本研究の限界は以下の4点が挙げられる。

①回顧法のインタビューにおける研究のため，過去の出来事の詳細が描けなかったこと

②日本の実子の調査人数が10人程度の質的研究に偏っていること

③実子の主観的なきょうだいの境界に関する研究において，実のきょうだいのいない実子の対象者数が少なく検討できなかったこと，里親家庭以外の主観的なきょうだいの境界を明らかにした上での研究ではなかったこと

④実子の意識に限定しており里親や委託児童側からの考察ができなかったこと

これらの限界を含め，今後の研究の課題3点を以下に述べる。

【課題1】 日本における実子の量的調査や人数を増やした多方面からの質的調査を行うこと。

これまで日本の実子の調査は質的調査のみである。この理由として日本において実子の当事者団体がなく，実子の数の把握や対象者の紹介ができる機関がないということが挙げられる。量的調査もしくは青年期以前の思春期や児童期の実子を対象とした調査を行うためには，今後日本においてさらに実子への関心が高まるとともにより配慮がされるようになる必要がある。子どもへのインタビューやアンケートには保護者の同意や家庭環境への配慮なども必要であり，面接後の対応を考えた上で研究を行っていくことが求められる。質的調査においても詳細な記述が得られ，家庭環境の差などに配慮することも可能なため，今後質的調査における協力者を増やし，その中で量的調査に近づけた研究結果を明らかにすることも課題である。また，結婚・出産を経験した実子は女性側の視点のみしか検討できていないため，男性の視点を含めていくことも課題として挙げたい。

【課題2】 里親家庭での実子のコーピングを十分に明らかにすること。

これまでの国内外の実子研究では，喪失に対して言及されているが，喪失から発展させたグリーフケアやその他の支援策は論じられていない。また，実子がさまざまな喪失や人間関係上のストレスに対応していることについて大きく論じられていない。そのため，今後ストレスコーピング・ソーシャルサポートに関する視点を含む必要があると考える。今後はLazarus ＆ Folkman（1984=1991）のストレスコーピング理論含め，実子がストレスに対してどう対処していったのかについて明らかにすることで，ソーシャルサポートや詳細な支援内容の提示をしていくことが挙げられる。

【課題3】 実子以外の里親家庭の構成員（特に里親）との意識の違いを明ら

かにすること。

　本研究も含め，これまでの国内における実子に関する研究は主に実子のみの質的研究に限られている。実子の年齢や人数を明らかにする量的な調査とともに，実子以外の里親家庭の構成員への調査を併せて行うことで，実子と委託児童を養育する里親の意識やともに育つ委託児童の意識との関係性を考えていくことができる。しかし，同じ家庭内で実子と里親，実子と委託児童などを研究の対象者とすると，お互いの本音の部分を語ることが難しいとも考えられる。匿名性がある上で，実子が研究者に対し親に言えないこと，委託児童に言えないことを語ることができる安心や信頼は質的研究において非常に重要である。今後は実子だけではなく里親や委託児童の本音が語られるような配慮をしたうえで，両者，もしくは複数の立場から里親養育を捉えていく必要があると考えられる。

　さらに，里親家庭以外の家庭にも焦点を当て，その比較検討が行われていく必要がある。特に主観的なきょうだいの範囲に関しては，里親家庭以外の家庭のきょうだいを対象に行っていくことも今後の課題である。また，日本で行っていない主観的家族ときょうだいの境界線の比較を行っていきたいと考える。

（2）当事者が行う研究の限界点と今後の課題

　本研究は実子の当事者性を持つ本研究者が実子に対しインタビューを行った。当事者による研究にはさまざまな課題と利点が挙げられているが（宮内，2007；田垣，2007），本研究においてもその利点と限界をここに述べる。

　まず利点として，インタビューの中で実子であるからこそ語ってくださった内容があることを挙げる。本研究の中で，実子に関するインタビューは当事者性を持つ本研究者であるからこそ受けられたという協力者もいた。また，実子に限定した当事者組織が現時点で日本にない状況で協力者にアプローチしやすい点も挙げられるだろう。

　ナラティブ・アプローチの視点で捉えると，自らの物語を相互作用によって語ることを示しているが（野口，2002），研究者と当事者がピアの立場で話すことの意義というのは大きい。特に，実子の場合，これまで実子同士が集まる機会がほとんどなく，本研究においてもインタビューで初めてきょうだい以外

の実子に出会ったと語ったケースがほとんどだった。その中である実子はインタビューを通し本研究者と話すことで「自分の考え方が間違っていたと思っていた」ことを「自分が間違っていないと思えた」とドミナントからオルタナティブストーリーに変化したことがあった。また，インタビュー結果を提示し確認をお願いした際に「自分の人生が整理されてよかった」と語った実子もいた。家族の構成員の変化が多い実子にとって，インタビューは自分自身の人生を整理するライフストーリーワークのような語りとなっているとも考えられる。

　しかし一方で，曖昧な中で生きている実子にとってインタビューをすることは，生きづらさを明確化してしまったり，インタビューによってトラウマを引き起こしてしまったりする可能性があることを表している。これは当事者が行う研究だけではなくインタビューを取り扱う研究において共通する限界点である。また，何らかの理由で両親が里親養育を途中で辞めてしまった実子に対して，インタビュー協力者としてお願いすることは現時点で非常に難しいだろう。例えば，里親を断念した理由の一つに実子と委託児童との関係性の悪化などがある場合は特に表には出ず隠されているだろう。

　3章の結果において，SG（社会的ガイド）が全体の TEM 図の中で具体化することができなかったことは先述したが，ある者はきょうだいがその役割を担っていたり，友人の理解があったりしていた。しかし，SG が不明確な状態で困難な状況でありながらも一人ひとりの実子が里親と関わる生活を選んでいたことは，実子そのものがもつレジリエンスに大きく委ねられていたと言っても過言ではない。本インタビューでも精神的に落ち込みカウンセリングを受ける実子や生きづらさを抱える実子の姿があり，実子の持つ力だけを里親養育の中で期待するのは非常に危険なことであると考える。特に，「実子は問題なく養育ができる」，「里親なのだから自分の子どもぐらいは育てられなければ里親をやる資格がない」，などという暗黙のプレッシャーがあるのであれば，なおさら里親が実子と委託児童の関係に悩んだ際，打ち明けにくくなることは明らかである。事実，委託児童の養育に関しても児童相談所などの関係機関に養育の困難さを訴えれば引き揚げ（措置解除）になるのではないかと思い，相談できなくなるケースというのは多く聞かれることである。

　インタビューの相互作用から確認された，新たな実子の振り返りによる実子

の苦悩は，今後日本における実子の当事者団体の活動や実子支援の中で行われるだろうピア・サポートなど実子を支援する際，その場限りの対話だけではなく継続的な支援を行っていく必要性を表している。さらに，現在行われている里親支援を行うさまざまな専門機関が実子への支援も含めた取り組みを行い，里親家庭全体への支援を行うことで多方面から里親家庭を支える必要性があるのではないだろうか。

　本書は，里親家庭の実子を生きるとは何かということに焦点を当てた。2016年の児童福祉法改正や「新しい社会的養育ビジョン」により，里親をはじめとする家庭養護は大きな転換期となっている。児童相談所だけではなく，乳児院・児童養護施設の里親支援専門相談員，里親会，そして「新しい社会的養育ビジョン」で示されたフォスタリング機関（里親養育包括支援機関）など，これまで以上に里親家庭への支援が強化されていくと考える。ケア役割を担い，里親家庭の実子を生きている子どもを支えていくことは里親家庭を支えることにもつながる。少しでも多くの専門機関や専門職が実子への支援に視点を持ち，支援を行う場と時間を持ち，実践していくことができるような，今後の日本における里親家庭支援・里親養育支援の発展を期待するとともに，その発展に貢献していきたい。

〈終章〉注釈
※1　きょうだいの定位置の変化は一般的に第1子が第2子の出産によって葛藤を生じることが示されているが（Brazelton, 1981=1982），先に述べたように実子と委託児童は中途の関係であり一般的なきょうだいとは異なる面が多い。
※2　本研究の対象としていないが，親族里親に関しては自ら里親になることよりも必然的な場合のことが多いと考えられる（石島，2013）。

参考文献

Aldridge, J. and Becker, S. (1998) The National Handbook of Young Carers Projects, Carers National Association.

安藤藍（2010）「里親経験の意味づけ──子どもの問題行動・子育ての悩みへの対処を通じて」『家族研究年報』35，43-60.

安藤藍（2012）「里父の役割認識プロセス」『家庭教育研究所紀要』34，29-40.

安藤藍（2017）『里親であることの葛藤と対処──家族的文脈と福祉的文脈の交錯──』ミネルヴァ書房.

青木由美恵（2016）「介護を担う子ども（ヤングケアラー）研究に関する文献検討」『ヒューマンケア研究学会誌』7（2），73-78.

荒川歩・安田祐子・サトウタツヤ（2012）「複線径路・等至性モデルの TEM 図の描き方の一例」『立命館人間科学研究』25，95-107.

新たな社会的養育の在り方に関する検討会（2017）「新しい社会的養育ビジョン」.

浅井朋子・杉山登志郎・小石誠二・東誠・並木典子・海野千畝子（2004）「軽度発達障害児が同胞に及ぼす影響の検討」『児童青年精神医学とその近接領域』45（4），360-371.

BAAF (2003) We are fostering.

Becker, S. (2000) Young carers, Davies, M. ed. The Blackwell Encyclopaedia of Social Work, Blackwell.

Berry Street and Westcare (2012) I Care 2: Training and Support Package for Sons and Daughters of Carers.

Bowlby J (1951) Maternal care and mental health.（黒田実郎訳（1967）『乳幼児の精神衛生』岩崎学術出版社）

Brazelton, T. Berry (1981) On becoming a family: the growth of attachment.（小林登（1982）『ブラゼルトンの親と子のきずな──アタッチメントを育てるとは』医歯薬出版）

CAN (1995) About young carers, CAN.

長田淳子（2011）「里親の開拓および申請・認定・登録の流れと留意点」庄司順一・鈴木力・宮島清編『里親養育と里親ソーシャルワーク』，福村出版，168-180.

Cole, Susan A. (2005) Foster Caregiver Motivation and Infant Attachment: How do Reasons for Fostering Affect Relationships?, Child and Adolescent Social Work Journal, 22 (5-6) 441-457.

Convention on the Rights of the Child (2008) Consideration of reports submitted by

States parties under article 44 of the Convention. Japan.

Davidson Jennifer (2013) Child-centered family-based care as set out in the UN Guidelines for the Alternative Care of Children, IFCO2013 Osaka International Conference, Keynote Address.

Dearden, and Becker, S. (1998) Young Carers In the United Kingdom Executive Summary, Carers National Association.

Dearden, and Becker, S. (2002) Young Carers and Education. Carers UK.

Dearden, and Becker, S. (2004) Young Carers in the UK: The 2004 Report London. Carers UK.

Denuwelaere, M. and Bracke, P., (2007) Support and conflict in the foster family and Children's well-being: a comparison between foster and birth children, Family Relations, 56 (1), 67–79.

Department for Education (2011) Fostering services: national minimum standards. https://www.gov.uk/government/uploads/system/uploads/attachment_data/file/192705/NMS_Fostering_Services.pdf (Accessed 2014. 6. 15)

Department for Education (2012) Training, support and development standards for foster care: evidence workbook. https://www.gov.uk/government/uploads/system/uploads/attachment_data/file/192332/foster_care_tsd_standards_evidence_workbook.pdf (Accessed 2014. 6. 15)

Department of Health (1991) Patterns & outcomes in child placement. (林茂男・網野武博監訳 (1995)『英国の児童ケア：その新しい展望』中央法規出版)

Doka, K. (2008) Disenfranchised grief in historical and cultural perspective, M. S. Stroebe, R. O. Hansson, H. Schut, and W. Stroebe eds. Handbook of bereavement research and practice: advances in theory and intervention, American Psychological Association. 223-240.

Duffy, James D. and Valentine, Alan D (2011) MD Anderson Manual of Psychosocial Oncology. (= 大中俊宏・岸本寛史 (2013)『MD アンダーソン サイコソーシャル・オンコロジー』メディカル・サイエンス・インターナショナル).

Ellis L, (1972) Sharing parents with strangers: the role of the group home foster family's own children, Child Welfare, 51 (3) 165-170.

Elmore, Anne Mitchell. (2004) The topography of sibling relationships in stepfamilies: A comparison of the sequential interaction patterns of full biological siblings, half-siblings, and stepsiblings, Dissertation Abstracts International: Section B: The Sciences and Engineering, 64 (7-B), 3557.

Espie, Linda 著・細谷亮太監修 (2005)『私の先生は子どもたち！——子どもの「悲嘆」をサポートする本』三報社印刷.

Farmer E, Pollock S (1999) Sexually abused and abusing children: their impact on 'foster siblings' and other looked after children, Mullender, A. eds, We Are Family: Sibling relationships in placement and beyond, BAAF, 227-238.

Farmer E. (2010) Fostering Adolescents in England: What Contributes to Success?, Fernandez, E and Barth R.P. 'How Does Foster Care Work?: International Evidence on Outcomes', Jessica Kingsley Pub, 151-165.

藤林武史（2011）「福岡市における里親支援――里親支援と里親家庭「応援団」」『里親と子ども』6, 17-22, 明石書店.

藤井和枝（2006）「障害児者のきょうだいに対する支援（1）」『関東学院大学人間環境学部紀要』6, 17-31.

藤井和枝（2007）「障害児者のきょうだいに対する支援（2）――きょうだい同士の支援」『関東学院大学人間環境学部紀要』7, 17-33.

藤本修編（2009）『きょうだい：メンタルヘルスの観点から分析する』ナカニシヤ出版.

藤村真弓・金城芳秀・石川ちえみ（2004）「長期入院児のきょうだいに対する支援の視点」『日本小児看護学会誌』13（2）, 40-45.

藤原紀世子・川島美保（2011）「小児慢性疾患の同胞をもつ青年期のきょうだいが得る糧」『日本小児看護学会』20（1）, 1-8.

古溝陽子（2012）「長期療養が必要な病児をきょうだいにもつ子どもへの支援に関する文献検討」『福島県立医科大学看護学部紀要』14, 23-34.

外務省（2010）「子どもの権利条約‐同報告審査後の同委員会の最終見解（仮訳）――条約第44条に基づき締約国から提出された報告の審査」http://www.mofa.go.jp/mofaj/gaiko/jido/pdfs/1006_kj03_kenkai.pdf（Accessed 2014. 9. 2）

Hansson, R. O., and Stroebe, M. S. (2007) Bereavement in late life: Coping , adaptation, and developmental influences, American Psychological Association.

原田満里子・能智正博（2012）「二重のライフストーリーを生きる――障がい者のきょうだいの語り合いからみえるもの」『質的心理学研究』11：26-44.

原幸一・西村辨作（1998）「障害児を同胞に持つきょうだいの適応に関する質問紙調査」『特殊教育学研究』36（1）, 1-11.

春野聡子・石山貴章（2011）「障害者のきょうだいの思いの変容と将来に対する考え方」『応用障害心理学研究』（10）, 39-49.

早川香（1997）「小児がん患児のきょうだいの変化ときょうだい関係に関する研究」『看護研究』30（4）, 309-318.

早川孝子・依田明（1983）「ふたりきょうだいにおけるきょうだい関係」『横浜国立大学教育紀要』23, 81-91.

林浩康（2014）「里親養育の社会化と養育観」,『里親と子ども』編集委員会編,『里親と子ども Vol.9』明石書店, 64-72.

林浩康・山本恒雄・大久保牧子・佐藤隆司・新納拓爾・栗原明子・石井耕太郎・樽沼あづさ・山本真知子・川松亮・太田真実・田中浩之（2014）「家庭養護を強力に推進するた

めの制度および支援のあり方に関する研究：児童相談所における里親認定に関する調査研究」『日本子ども総合研究所紀要』50.

Heidbuurt, J. (2004) ALL IN THE FAMILY HOME: The Biological Children of Parents Who Foster, Foster Family-based Treatment Association's 18th Annual Conference on Treatment Foster Care.

平田美智子（2005）「子どもが里親に委託されるまで」湯沢雍彦編著『里親入門――制度・支援の正しい理解と発展のために――』ミネルヴァ書房，25-59.

Hojer, I. (2007) Sons and daughters of foster carers and the impact of fostering on their everyday life, Child & Family Social Work 12 (1), 73-83.

Hojer, I. and Nordenfors, M., (2004) Living with foster siblings – what impact has fostering on the biological children of foster carers?, Eriksson, H. G. and Tjelflaat, T. ed. Residential care, horizons for the new century, Ashgate, 99-118.

Hojer, I. and Nordenfors, M., (2006) Att leva med fostersyskon (Living with foster siblings). Institutionen for socialt arbete, Goteborgs universitet.

Hojer, I., Sebba, J., Luke, Nikki. (2013) The impact of fostering on foster carers' children, Rees Center University of Oxford.

茨木尚子・吉本真紀（2007）「NPO における家族支援とソーシャルワーク――ステップファミリー当事者による支援組織の活動から」『ソーシャルワーク研究』32（4），302-309.

出野慶子・中村伸枝・金丸友・遠藤数江（2007）「1 型糖尿病をもつ子どものきょうだいの体験――ファミリーキャンプにおけるきょうだいの話し合いの分析」『千葉看護学会会誌』13（1），53-60.

今田真紗美・佐野秀樹（2010）「障害児・者のきょうだいが持つ感情のモデル化：感情のつながりに着目して」『東京学芸大学紀要 . 総合教育科学系』61（1），175-183.

井上恵・岡嶋一郎（2008）「障害児者を同胞にもつきょうだいが同胞との生活を通して経験するストレスについて――ストレスの過程にもとづく文献研究」『長崎純心大学心理教育相談センター紀要』7，81-92.

入江拓（2011）「共同体の平和（安全）のための密室化防止の必要性とその条件」日本ファミリーホーム協議会監『社会的養護とファミリーホーム Vol. 2』，88-93，福村出版 .

石島照代（2013）「震災孤児・遺児 1698 人，養護施設入所はわずか 2 人：親を亡くした子どもたちはどう過ごしているのか」DIAMOND ONLINE. http://diamond.jp/articles/-/33932（Accessed 2014. 10. 11）

石崎優子（2003）「小児難病児の同胞の心理社会的問題と難病児が家族の心理面に与える影響――同胞のためのワークシップの試みと医療の側の支援体制――」『メンタルヘルス岡本記念財団研究助成報告集』14，9-15.

石崎優子（2004）「小児難病児の同胞の心理社会的問題と難病児が家族の心理面に与える影響――同胞の心理社会的発達とその問題の理解のためのハンドブックの作成――」『メンタルヘルス岡本記念財団研究助成報告集』15，5-9.

磯崎三喜年（2006）「小・中学生の二人きょうだい関係に関する研究」『国際基督教大学学報』. I-A, 教育研究 48, 119-130.

岩崎美枝子（2010）「里親支援を俯瞰する──里親支援とは，どうあれば良いのだろうか？」『世界の児童と母性』69, 17-24.

和泉広恵（2006）『里親とは何か──家族する時代の社会学』勁草書房.

和泉広恵（2007）「里親家族の子ども～実子の視点から～」『里親と子どものための里親養育リソースセンター設立準備プロジェクト調査研究報告書　これからの家族支援』NPO 法人里親子支援のアン基金プロジェクト, 85-103.

Jack, G. and Donnellan, H (2013) Social Work with Children, PALGRAVE MACMILLAN.

梶井祥子（2006）「家族意識の変容過程：親の離婚を経験した子どもの事例調査から」『北海道武蔵女子短期大学紀要』38, 39-60.

Kaplan, C, P. (1988) The biological children of foster parents in the foster family, Child and Adolescent Social Work Journal, 5 (4), 281-299.

河野洋子（2015）「事例から学ぶ里親養育のケースマネジメント」『里親と子ども』10, 84-86. 明石書店

加藤伊都子（2012）『私は私。母は母。～あなたを苦しめる母親から自由になる本』すばる舎.

亀口憲治（2003）『家族システムの心理学：〈境界膜〉の視点から家族を理解する』北大路書房.

上岡陽江・大嶋栄子（2010）『その後の不自由──「嵐」のあとを生きる人たち』医学書院.

笠田舞（2014）「知的障がい者のきょうだいが体験するライフコース選択のプロセス──青年期のきょうだいが辿る多様な径路と，選択における迷いに着目して」『質的心理学研究』14, 176-190.

柏村雪子（2004）「障害児のきょうだいに関する臨床心理学的研究」『九州社会福祉研究』(29), 29-46.

川上あずさ（2009）「障害のある児のきょうだいに関する研究の動向と支援のあり方」『小児保健研究』68 (5), 583-589.

川上あずさ（2013）「自閉症スペクトラム障害のある児ときょうだいの関係構築」『日本小児看護学会誌』22 (2), 34-40.

川喜田二朗（1967）『発想法──創造性開発のために』中央公論社.

金季実（2010）「病児のきょうだいの体験に関する研究──家族内役割の視点から──」『神戸大学発達・臨床心理学研究』9, 25-34.

木村たき子, 岡村一成（2001）「里親制度と地域社会──実子のインタビュー調査から──」『日本応用心理学会大会論文集』68, 66.

木村たき子（2003）『里親制度と地域社会』明石書店.

木村容子（2005）「被虐待児の養育を担う専門里親の潜在的ニーズ──里親のニーズに関

するアンケート調査から――」『関西学院大学社会学部紀要』98，93-105，

木村容子（2012）「里親制度の啓発と普及についての一考察」『Human Welfare：HW』4（1），27-40.

木村容子・芝野松次郎（2006）「里親の里子養育に対する支援ニーズと「専門里親潜在性」の分析に基づく専門里親の研修と支援のあり方についての検討」『社会福祉学』47（2），16-29.

木下康仁（2003）『グラウンデッド・セオリー・アプローチの実践【質的研究への誘い】』弘文堂.

木下康仁（2007）『ライブ講義 M-GTA 実践的質的研究法 修正版グラウンデッド・セオリー・アプローチのすべて』弘文堂.

北川聡子（2009）「里親のためのメンタルヘルス――障がい児を受け入れるということ」日本グループホーム学会『障害のある子どもの子育て～里親家庭で育んでいくために～』，20-25.

北山沙和子（2011）「家庭内役割を担う子どもたちの現状と課題：ヤングケアラー実態調査から」兵庫教育大学大学院特別支援教育学専攻心身障害コース修士論文.

北山沙和子・石倉健二（2015）「ヤングケアラーについての実態調査――過剰な家庭内役割を担う中学生――」『兵庫教育大学学校教育学研究』27，25-29.

Knudsen, L., Egelund, T. et al (2010) Foster Care in Denmark: Compareing Kinship and Non-Kinship Forms of Care, Fernandez, E., Barth, R, P., "How Dose Foster Care Work? International Evidence on Outcomes", 224-242.

子ども活き生き里親養育活性化プロジェクトあっとほーむ（2010）『里親支援機関設立学習会「里親支援ソーシャルワーク実践セミナー」報告書』.

こども未来財団（2008）「社会的養護体制に関する諸外国比較に関する調査研究（主任研究者：庄司順一）」.

子どもの虹情報研修センター（2005）『アメリカにおける児童虐待の対応視察報告書』.

子どもの虹情報研修センター（2007）『イギリスにおける児童虐待の対応視察報告書』.

公益社団法人家庭養護促進協会（2014）『ケースワーカーと学ぶ里親養育の基礎知識』公益社団法人家庭養護促進協会神戸事務局.

厚生労働省（2013）「児童養護施設入所児童等調査結果の概要」https://www.mhlw.go.jp/file/04-Houdouhappyou-11905000-Koyoukintoujidoukateikyoku-Kateifukushika/0000071184.pdf（Accessed 2018. 12. 25）

厚生労働省（2012）「里親及びファミリーホーム養育指針」.

厚生労働省（2019）「社会的養育の推進に向けて（平成 31 年 1 月）」.

黒木真奈美，津田茂子（2006）「きょうだいとの死別を経験した青年期同胞の悲観過程」『小児看護』29（4），523-528.

桑田道子（2003）「ステップファミリーの子どもたちのストレスとサポート」『女性ライフサイクル研究』13，108-121.

参考文献　*181*

Lazarus, R., and Folkman, S. (1984) Stress, appraisal and coping, Springer. (本明寛・春木豊・織田正美監訳（1991）『ストレスの心理学』実務教育出版)

Lindemann, E. (1944) Symptomatology and management of acute grief. American Journal of Psychiatry, 101, 141-148.

槇野葉月・大嶋巌（2003）「慢性疾患児や障害児をきょうだいに持つ高校生のきょうだい関係と心理社会的適応：性や出生順位による影響を考慮して」『こころの健康：日本精神衛生学会誌』18（2），29-40.

Martin, G. (1993) Foster care: The protection and training of carers' children, Child Abuse Review, 2 (1), 15–22.

Martin, T. L. and Doka, K. J. (2000) Men don't cry--women do: Transcending gender stereotypes of grief, Brunner/Mazel.

益満成美・江頭幸晴（2002）「障害児のきょうだいにおける否定的感情表出の困難さについて」『人文学科論集』(55)，1-13.

松本理沙（2013）「障害者のきょうだいを対象としたセルフヘルプ・グループの役割」『評論・社会科学』104，109-141.

松村明編（2006）『大辞林 第三版』三省堂.

Minuchin, S (1974) Families and family therapy. (＝山根常男監訳（1984）『家族と家族療法』誠信書房)

三原博光（1998）「知的障害者の兄弟姉妹の生活体験について――幼少期の体験や両親とのかかわりなどを中心に――」『発達障害研究』20，72-78.

三原博光（2003）「障害者のきょうだいの生活状況――非障害者家族のきょうだいに対する調査結果との比較を通して――」『山口県立大学社会福祉学部紀要』(9)，1-7.

三富紀敬（2000）「在宅介護を担う児童」『イギリスの在宅介護者』ミネルヴァ書房，394-481.

三富紀敬（2008a）「介護を担う子どもと支援事業」『イギリスのコミュニティケアと介護者』ミネルヴァ書房，279-332.

三富紀敬（2008b）「介護を担う子どもと支援事業」『静岡大学経済研究』12（3），23-73.

三富紀敬（2010）「介護を担う子どもと社会的排除」『欧米の介護保障と介護支援』ミネルヴァ書房，218-237.

宮島清（2009）「里親支援機関の可能性と課題――質の高い里親支援機関作りへの提言」『里親と子ども』編集委員会，『里親と子ども Vol. 4』明石書店.

宮内洋・今尾真弓編著（2007）『あなたは当事者ではない――〈当事者〉をめぐる質的心理学研究』北大路書房.

宮内洋・好井裕明編著（2010）『〈当事者〉をめぐる社会学――調査での出会いを通して――』北大路書房.

三輪清子・大日義晴編著（2018）『「養育里親の登録・研修・支援に関する調査」報告書』.

水澤都加佐・ジョンソン，スコット（2010）『悲しみにおしつぶされないために：対人援

助職のグリーフケア入門』大月書店.

森和子（2001）「養子縁組里親・里子の親子関係形成への援助に関する事例研究──児童相談所の里親委託における援助システムの構築に向けて」『生活社会科学研究』8，57-71.

森本美絵・野澤正子（2006）「里子Ａの成長過程分析と社会的支援の必要性」『社会福祉学』47（1），32-45.

森省二（1995）『子どもの悲しみの世界：対象喪失という病理』筑摩書房.

森田久美子（2010）「メンタルヘルス問題の親を持つ子どもの経験──不安障害の親をケアする青年のライフストーリー」『立正社会福祉研究』12（1），1-10.

長山晃子・石原邦雄（1990）「家族員として意識する範囲──住居形態との関係から──」『家族研究年報』16，65-76.

中島理子（2011）「実子の立場と里親家庭」庄司順一・鈴木力・宮島清編『里親養育と里親ソーシャルワーク』福村出版，125-126.

中津真美・廣田栄子（2012）「聴覚障害者の親をもつ健聴の子ども（CODA）の通訳役割に関する親子の認識と変容」『音声言語医学』53，219-228.

中津真美・廣田栄子（2013）「聴覚障害の親をもつ健聴の子ども（CODA）の通訳場面に抱く心理状態と変容」『AUDIOLOGY JAPAN』56（3），249-257.

National Foster care Association (NFCA) and the National Foster Care Association in Scotland (1999) UK National Standards for foster carers published by the NFCA, London.

National Foster Parent Association, Baldino, R, G. (2009) Success as a Foster Parent: Everything You Need to Know About Foster Care, National Foster Parent Association, 173-186.

Neimeyer, Robert A (2001) The language of loss: grief therapy as a process of meaning reconstruction. Washington, DC: American Psychological Association.（富田拓郎，菊池安希子監訳（2007）『喪失と悲嘆の心理療法：構成主義からみた意味の探究』金剛出版）

日本ファミリーホーム協議会（2012）「ファミリーホーム実態調査報告書」.

日本グループホーム学会（2009）「障害のある子どもが里親家庭で育つために」報告書.

日本ケアラー連盟ヤングケアラープロジェクト（2015）『南魚沼市「ケアを担う子ども（ヤングケアラー）についての調査」教員調査　報告書』一般社団法人日本ケアラー連盟.

日本ケアラー連盟ヤングケアラープロジェクト（2017）『藤沢市　ケアを担う子ども（ヤングケアラー）についての調査　教員調査　報告書』一般社団法人日本ケアラー連盟.

新家一輝・藤原千恵子（2007）「小児の入院と母親の付き添いが同胞に及ぼす影響──同胞の情緒と行動の問題の程度と属性・背景因子との関連性──」『小児保健研究』66（4），561-567.

西村辨作（2004）「発達障害児・者のきょうだいの心理社会学的な問題」『児童青年精神医学とその近接領域』45（4），34-49.

西村辨作・原幸一（1996）「障害児のきょうだい達（1）」『発達障害研究』18（1），56-67.

西村辨作・原幸一（1996）「障害児のきょうだい達（2）」『発達障害研究』18（2），70-77.

西岡八郎・才津芳昭（1996）「家族とは何か──有配偶女子からみた家族認識の範囲──」『家族研究年報』21，28-42.

信田さよ子（2008）『母が重くてたまらない──墓守娘の嘆き』春秋社.

野口裕二（2002）『物語としてのケア：ナラティブ・アプローチの世界へ』医学書院.

野口裕二編（2009）『ナラティブ・アプローチ』勁草書房.

野澤正子（2010）「里子の成長過程分析と社会的支援の必要性」『新しい家族』53，2-13.

Nuske E (2004) Beyond the double-edged sword: the contradictory experiences of natural children in foster families; retrieved from www.croccs.org.au/downloads/ http://www.aifs.gov.au/nch/pubs/brief/rb4/rb4appendix.pdf. (Accessed 2011. 10. 30)

Nuske E (2010) Balancing contradictions the exprinces of biological children of foster families, Children Austraria (35) 3, 32-37.

Ofsted (2008) North Somerset Fostering & Family Link Inspection report for LA Fostering.

岡本直子・山本真由美（2007）「障害児・者きょうだいのメンタルヘルス：思春期から青年期にかけて」『徳島大学総合科学部人間科学研究』15，81-96.

岡崎京子（2011）「里親自助グループ（FCG）の取り組み」庄司順一・鈴木力・宮島清編『里親養育と里親ソーシャルワーク』福村出版，139-140.

小此木啓吾（1979）『対象喪失──悲しむということ』中公新書.

奥住秀之・神山悠・国分充・その他（2011）「４つの学校段階における障害児・者のきょうだいの意識」『東京学芸大学紀要．総合教育科学系』62（2），39-45.

恩田清美・上別府圭子・杉本陽子（2006）「小児がんのターミナル期の在宅療養における母親の体験：家族内サブシステムの関係に焦点をあてて」『日本小児看護学会誌』15（2），39-45.

大瀧玲子（2011）「発達障害児・者のきょうだいに関する研究の概観：きょうだいが担う役割の取得に注目して」『東京大学大学院教育学研究科紀要』51，235-243.

大瀧玲子（2012）「軽度発達障害児・者のきょうだいが体験する心理プロセス：気持ちを抑え込むメカニズムに注目して」『家族心理学研究』26（1），25-39.

小澤美和・泉真由子・森本克・真部淳・細谷亮太（2007）「小児がん患児のきょうだいにおける心理的問題の検討」『日本小児科学会雑誌』111（7），847-854.

Parkes, C. M., and Weiss, R. S. (1983) Recovery from Bereavement, Basic Books.（＝桑原治雄・三野善央・曽根維石（訳）（1993）『死別──遺された人たちを支えるために』メディカ出版）

Part, D. (1993) Fostering as Seen by the Corers' Children., Adoption & Fostering,

17(1),26-31.

Phillips N. K. (1999) Adoption of a sibling: reactions of biological children at different stages of development. American Journal of Orthopsychiatry, 69 (1) : 122-126.

Poland, D, C., Groze, V. (1993) Effects of foster care placement on biological children in the home, Child and Adolescent Social Work Journal, 10 (2), 153-164.

Preston, Paul (1994) Mother Father Deaf: Living between Sound and Silence, Harvard University Press. (＝澁谷智子・井上朝日訳（2003）『聞こえない親をもつ聞こえる子どもたち』現代書館）

Pugh, G. (1996) Seen but not heard? Addressing the needs of children who foster, Adoption and Fostering, 20 (1), 35-41.

Rando, T. A. (1993) Treatment of complicated mourning, Research Press.

Raphael, B. (1983) The Anatomy of Bereavement: A Handbook for the Caring Professions.

Reed, J. A. (1994) We Live Here Too: Birth Children's Perspectives on Fostering Someone with Learning Disabilities, Children & Society, 8 (2), 164–173.

Reed, J. A. (1996) Fostering children and young people with disabilities: the perspectives of birth children and carers, Adoption & Fostering, 20 (4), 36-41.

Rushton, A., Dance, C et al (2001) The impact on the birth children, Siblings in Late Permanent Placements, BAAF, 132-140.

戈木 クレイグヒル 滋子（2002）「環境変化への適応――小児がんの同胞をもつきょうだいの体験」『日本保健医療行動科学会年報』17，161-179.

齊藤環（2008）『母は娘の人生を支配する――なぜ「母殺し」は難しいのか』NHK ブックス.

坂口幸弘（2010）『悲嘆学入門：死別の悲しみを学ぶ』昭和堂.

境愛一郎・中西さやか・中坪史典（2012）「子どもの経験を質的に描き出す試み――M-GTA と TEM の比較――」『広島大学大学院教育学研究科紀要第三部』61，197-206.

酒井流美（2006）「養育里親認定アセスメントに関する一考察」『福祉社会研究』6，61-73.

桜井厚・小林多寿子（2005）『ライフストーリー・インタビュー――質的研究入門』せりか出版.

櫻井奈津子（2000）「里親養育への支援のあり方に関する研究――里親制度の活性化を求めて」『和泉短期大学「研究紀要」』21，11-21.

櫻井奈津子（2005）「子どもの養育にあたっての課題」湯沢雍彦編著『里親入門――制度・支援の正しい理解と発展のために――』ミネルヴァ書房，61-85.

櫻井奈津子（2011）「里親の養育力・専門性の向上とトレーニング」庄司順一・鈴木力・宮島清編『里親養育と里親ソーシャルワーク』福村出版，141-151.

佐々木正美（2007）「子どもたちのための医療福祉：コミュニケーションへの希望を求めて」『川崎医療福祉学会誌 』17 増刊，27-37.

佐藤伊織・上別府圭子（2009）「小児がんを持つ子どものきょうだいに対する「情報提供」

と「情報共有」：きょうだいへの説明に注目した文献レビュー」『小児がん小児悪性腫瘍研究会記録』46（1），31-38.

サトウタツヤ（2006）「発達の多様性を記述する新しい心理学方法論としての複線径路等至モデル」『立命館人間科学研究』12，65-75.

サトウタツヤ（2009）『TEM ではじめる質的研究——時間とプロセスを扱う研究をめざして』誠信書房.

サトウタツヤ，安田裕子，木戸彩恵，高田沙織，ヤーン・ヴァルシーナ（2006）「複線径路・等至性モデル——人生径路の多様性を描く質的心理学の新しい方法論を目指して」『質的心理学研究』5，255-276.

サトウタツヤ，安田裕子，佐藤紀代子，荒川歩（2011）「インタビューからトランスビューへ——TEM の理念に基づく方法論の提案」『日本質的心理学会第 8 回大会プログラム抄録集』，70，

Sellick, C. and Thoburn, J. (1997) United Kingdom, Colton, M. and Williams, M. eds, The world of foster care, 237-247.（伊藤嘉余子訳（2008）「イギリス」庄司順一監訳『世界のフォスターケア——21 の国と地域における里親制度』明石書店，373-391）

Serbinski, S. (2014) 'Growing up in families that foster: Exploring the (e)motions of young adult sons and daughters of foster parents', doctoral dissertation, retrieved from the ProQuest Dissertations and Theses database https://tspace.library.utoronto.ca/handle/1807/68241 (Accesed 2018.12.25)

Serbinski, Sarah. and Brown, Jason. (2017) Creating Connections with Child Welfare Workers: Experiences of Foster Parents' Own Children, The British Journal of Social Work, 47, 1411-1426.

柴崎智恵子（2005）「家族ケアを担う児童の生活に関する基礎的研究——イギリスの"Young Carer"調査報告書を中心に——」『人間福祉研究』8，125-143.

芝崎紘美・羽山順子・山上敏子（2006）「障害児きょうだいの抑うつと不安について：家事の手伝い・障害児の世話との関連」『久留米大学心理学研究』5，75-80.

澁谷智子（2002）「文化的境界者としてのコーダ」『比較文学』44，69-82.

澁谷智子（2008）「聞こえない親を持つ聞こえる人々：文化の中で自己の語りはどう作られるのか」東京大学大学院総合文化研究科超域文化科学専攻博士論文.

澁谷智子（2009）『コーダの世界——手話文化と声の文化』医学書院.

澁谷智子（2010）「障害のある親の子育て——聞こえない親の事例から」『相関社会科学』20，37-51.

澁谷智子（2012）「子どもがケアを担うとき——ヤングケアラーになった人／ならなかった人の語りと理論的考察」『理論と動態』5，2-23.

澁谷智子（2014）「ヤングケアラーに対する医療福祉専門職の認識——東京都医療社会事業協会会員へのアンケート調査の分析から——」『社会福祉学』54（4），70-81.

澁谷智子（2017）「ヤングケアラーを支える法律——イギリスにおける展開と日本での応

用可能性」『成蹊大学文学部紀要』52，1-21.

白佐俊憲（2006）「きょうだい研究の動向と課題」，日本児童研究所編『児童心理学の進歩2006年版』金子書房，57-84.

白鳥めぐみ（2005）「障害児者のきょうだいたちが抱える孤独感から抜け出すために――きょうだいたちの間に存在する安心感とは何か」『情緒障害教育研究紀要』24，1-9.

庄司順一（2003）『フォスターケア――里親制度と里親養育』明石書店.

庄司順一編著（2005）『Q&A 里親養育を知るための基礎知識』明石書店.

庄司順一（2006）「里親研修の現状と課題」『里親と子ども』編集委員会『里親と子どもVol.1』明石書店.

庄司順一（2007）「里親制度の現状と課題――里親制度を発展させるために――」『子どもの虐待とネグレクト』9（2），162-170.

庄司順一（2008）「わが国の里親制度の現状と課題：外国と比較して」『教育と医学』56（7），672-679.

庄司順一（2010a）「里親支援の今後の展望」『世界の児童と母性』69，9-12.

庄司順一（2010b）「障がいのある子どもと里親養育」日本グループホーム学会『障がいのある子どもの子育て～里親家庭で育んでいくために～』，26-37.

庄司順一・篠島里佳（2007）「虐待・発達障害と里親養育」『里親と子ども』編集委員会『里親と子ども Vol.2』明石書店.

庄司順一・鈴木力・宮島清編（2011）『里親養育と里親ソーシャルワーク』福村出版.

庄司順一・宮島清・澁谷昌史・有村大士（2011）『児童相談所における里親委託及び遺棄児童に関する調査』，全国児童相談所長会（全国里親会複製）.

園井ゆり（2010）「里親養育の必要性と新しい家族としての養育家族」『活水女子大学活水論文集人間関係学科編』53，19-40.

園井ゆり（2013）『里親制度の家族社会学：養育家族の可能性』ミネルヴァ書房.

圓尾奈津美，玉村公二彦，郷間英世他（2010）「軽度発達障害児・者のきょうだいとして生きる――気づきから青年期の語りを通して」『教育実践総合センター研究紀要』19，87-94.

Spears, W., Cross, M. (2003) How do 'children who foster' perceive fostering?, Adoption & Fostering, 27 (4), 38-45.

Stewart, Susan D (2005) How the birth of child affects involvement with stepchildren. Journal of Marriage and Family. 67 (2), 461-473.

Stroebe, W., and Stroebe M. S. (1987) Bereavement and health, Cambridge University Press.

杉井潤子（2005）「『家族問題』と社会」山根真理・杉井潤子編著『ネットワークとしての家族』ミネルヴァ書房，228-248.

杉山登志郎（2007）『子ども虐待という第四の発達障害』，学研教育出版.

Sutton, Louise and Stack, Niamh (2012) Hearing Quiet Voices: Biological Children's

Experiences of Fostering, British Journal of Social Work, 43 (3), 596-612.

Swan, T. A. (2002) The experiences of foster caregivers children, Canada's Children, Spring, 13-17.

田渕六郎（1996）「主観的家族論――その意義と問題」ソシオロゴス編集委員会『ソシオロゴス』20，19-38.

田渕六郎（1998）「『家族』へのレトリカル・アプローチ――探索的研究――」家族問題研究会『家族研究年報』23，71-83.

橘英弥・島田有規（1998）「障害児者のきょうだいに関する一考察――障害をもったきょうだいの存在を中心に」『和歌山大学教育学部紀要 教育科学』48，15-30.

橘英弥・島田有規（1999）「障害児者のきょうだいに関する一考察（2）新しい教育・福祉資源としての観点から」『和歌山大学教育学部紀要 教育科学』49，67-81.

田垣正晋（2004）「中途重度肢体障害者は障害をどのように意味づけるか：脊髄損傷者のライフストーリーより」『社会心理学研究』19（3），159-174.

田垣正晋（2007）「障害者による障害者心理の研究の意義と課題」宮内洋・今尾真弓編著『あなたは当事者ではない――〈当事者〉をめぐる質的心理学研究』北大路書房.

田垣正晋（2009）「第3節 ライフストーリー研究からみた TEM」サトウタツヤ『TEM ではじめる質的研究――時間とプロセスを扱う研究をめざして』誠信書房，138-144.

髙木慶子（2012）『グリーフケア入門：悲嘆のさなかにある人を支える』勁草書房.

高野恵代・岡本祐子（2009）「障害者のきょうだいの情緒的特徴に関する研究――きょうだいの意識と欲求不満の視点から」『広島大学大学院心理臨床教育研究センター紀要』8，94-106.

高野恵代・岡本祐子（2011）「障害者のきょうだいに関する心理学的研究の動向と展望」『広島大学大学院教育学研究科紀要 . 第三部 , 教育人間科学関連領域』60，205-214.

高瀬夏代・井上雅彦（2007）「障害児・者のきょうだい研究の動向と今後の研究の方向性」『発達心理臨床研究』13，65-78.

田倉さやか（2007）「兄弟姉妹と障害者同胞との関係：母親の養育態度と兄弟姉妹関係との関連」『児童青年精神医学とその近接領域』48（1），39-47.

田倉さやか（2008）「障害者を同胞にもつきょうだいの心理過程：兄弟姉妹関係の肯定的認識に至る過程を探る」『小児の精神と神経』48（4），349-358.

田倉さやか（2012）「障害児者のきょうだいの心理的体験と支援」『障害者問題研究』40（3），26-34.

田邉美佐子・吉田久美子・黒澤やよい・神田清子（2010）「小児期に骨髄ドナーになったきょうだいの経験」『北関東医学』60（1），25-30.

田中智・高田谷久美子・山口里美（2011）「障がいを持つ人のきょうだいがとらえる同胞の存在についての認識」『山梨大学看護学会誌』9（2），53-58.

立山清美・立山順一・宮前珠子（2003）「障害児の「きょうだい」の成長過程に見られる気になる兆候――その原因と母親の「きょうだい」への配慮」『広島大学保健学ジャー

ナル』3（1），37-45.

Ternay, M. R. (1985) Perceived Child-Parent Relationships and Child Adjustment in Families With Both Adopted and Natural Children, The Journal of Genetic Psychology, 146 (2), 261-272.

The Fostering Network (2001) Welcoming the Fostered Child.（津崎哲雄監訳・山口敬子他訳（2006）『里子をむかえる日のそなえ』英国ソーシャルワーク研究会翻訳資料シリーズ第 17 号）

The Fostering Network (2003) The Skills to Foster: A foundation for Quality Care.（鈴木力・谷口純世監訳（2011）『里親になる人のためのワークブック』明石書店）

The Fostering Network (2008a) Fostering Families: supporting sons and daughter of foster carers.

The Fostering Network (2008b) My Family Fosters: a handbook for sons and daughters of foster carers.

The Fostering Network (2010) Stella - A Story of Caring and Sharing.

Thoburn, J.（2010）「イギリスにおける里親ケアサービス――里親支援を中心に」『世界の児童と母性』69，83-88.

Thomson, H., McArthur, M. (2009) Who's in Our Family?: An Application of the Theory of Family Boundary Ambiguity to the Experiences of Former Foster Carers, Adoption & Fostering, 33 (1), 68-79.

Thompson, H., McPherson, S (2011) The experience of living with a foster sibling, as described by birth children of foster carers: a thematic analysis of the literature, Adoption & Fostering, 35 (2), 49-60.

戸田竜也（2005）『「よい子」じゃなくていいんだよ――障害児のきょうだいの育ちと支援』新読書社 .

戸田竜也（2012）「障害児者のきょうだいの生涯発達とその支援」『障害者問題研究』40（3），10-17.

東京都児童福祉審議会（2012）「児童虐待死亡ゼロを目指した支援のあり方について（里親事例中間まとめ）：平成 23 年度東京都児童福祉審議会児童虐待死亡事例等検証部会報告書」.

東京都養育家庭センター協議会（1998）「養育家庭での生活体験に関するアンケート調査報告書」.

遠矢浩一（2004）「発達障害児の"きょうだい児"支援　きょうだい児の"家庭内役割"を考える」『教育と医学』52（12），40-47.

遠矢浩一（2009）『障がいをもつこどもの「きょうだい」を支える　お母さん・お父さんのために』ナカニシヤ出版 .

Twigg, R., (1994) The unknown soldiers of foster care: foster care as loss for the foster parents' own children, Smith College Studies in Social Work, 64 (3), 297-313.

Twigg, R., Swan, T. (2007) Inside the foster family: what research tells us about the experience of foster carers' children, Adoption & Fostering, 31 (4), 49-61.

土屋葉（1999）「全身性障害者の語る「家族」:「主観的家族論」の視点から」『家族社会学研究』11，59-69.

土屋葉（2006）「「障害」の傍らで——ALS 患者を親にもつ子どもの経験」『障害学研究』2，99-123.

土屋葉（2012）「名付けられぬものとしての「介助」——障害の親を持つ子どものリアリティ」三井さよ・鈴木智之『ケアのリアリティ——境界を問い直す』法政大学出版局，47-76.

上野千鶴子（1994）「ファミリー・アイデンティティのゆくえ」『近代家族の成立と終焉』岩波書店，319-352.

梅澤彩（2004）「里親制度の現状とその現代的課題：里親委託の促進と適切なマッチングの実現にむけて」『国際公共政策研究』9（1），87-102.

Valsiner, J. (2001) Comparative study of human cultural development. Madrid: Fundacion Infanciay Aprendizaje.

Valsiner, J. and Sato, T. (2006) Historically Structured Sampling (HSS): How can psychology's methodology became tuned into the reality of the historical nature of cultural psychology?, J. K. Staub, C. Kolbl, D. Weidemann, and B. Zielke eds. Pursuit of Meaning: advance in cultural and cross-culeural Psychology, Transcript Verlag, 215-251.

Wallerstein, J., Lewis, J. M., and Blakeslee, S. (2000) The unexpected legacy of divorce: A 25-year landmark study, Hyperion. （早野依子訳（2001）『それでも僕らは生きていく』PHP 研究所）

Walsh, J., & Campbell, H. (2010) To what extend does current policy and practice pay adequate attention to the needs of the sons and daughters of foster carers, particularly in the context of planned or unplanned placement endings?

Ward, M and Lewko, J. H. (1987) Adolescents in Families Adoption Older Children: Implications for Service, Child Welfare, 66 (6), 539-47.

Ward, R (1996) Children who foster, Foster Care, January, 9 (reference in Watson and Jones).

渡邊守（2008）「里親家庭での暮らし——里親の実子としての立場から」『新しい家族』51，113-131.

渡邊守（2010）「子ども中心の里親支援ソーシャルワーク確立を目指して」『子どもの虐待とネグレクト』12（1），99-107.

渡邉智子（2006）「すべての赤ちゃんが望まれて産まれてくるように」『新しい家族』49，2-18.

Watson, A., Jones, D. (2002) The impact of fostering on foster carers' own children,

Adoption & Fostering, 26 (1), 49-55.

Wilkes, R. J. (1974) The Impact of Fostering on the Foster Family. Child Welfare, 53 (6), 353-379.

Williams, Dave. (2017) Recognising Birth Children as Social Actors in the Foster-Care Process: Retrospective Accounts from Biological Children of Foster-Carers in Ireland. The British Journal of Social Work, 47, 1394-1410.

Woeden, J. W. (1991) Grief counseling and grief therapy: a handbook for the mental health practitioner, (＝鳴沢実監訳（1993）『悲嘆カウンセリング：臨床実践ハンドブック』川島書店）

Woeden, J. W. (1996) Children and grief, The Guilford Press.

矢矧陽子，中田洋二郎，水野薫（2005）「障害児・者のきょうだいに関する一考察──障害児・者の家族の実態ときょうだいの意識の変容に焦点をあてて」『福島大学教育実践研究紀要』48，9-16.

山田昌弘（1986）「家族定義論の検討──家族分析のレベル設定」『ソシオロゴス』10，52-62.

山田昌弘（1992）「「家族であること」のリアリティ」好井裕明編『エスノメソドロジーの現実』世界思想社，151-166.

山田昌弘（1994）「脱青年期の家族意識──家族と非家族との間」『「脱青年期」の出現と親子関係：経済・行動・情緒・規範のゆくえ』家計経済研究所.

山田昌弘・天木志保美（1989）「家族の定義をめぐって」江原由美子著『ジェンダーの社会学』新曜社，96-100.

山田孝・立山清美（1999）「心身障害児のきょうだいの障害の受け止め方：面接調査から」『秋田大学医療技術短期大学部紀要』7（2），151-159.

山縣文治（2011）「子ども家庭福祉とソーシャルワーク」『ソーシャルワーク学会誌』21，1-13.

山縣文治・林浩康編著（2007）『社会的養護の現状と近未来』明石書店.

山本力（1996）「死別と悲哀の概念と臨床」『岡山県立大学保健福祉学部紀要』3（1），5-13.

Yamamoto, J. and Okonogi, K., Iwasaki, Y., Yoshimura, S. (1969) Mourning in Japan, American Journal of Psychiatry, 125, 1661-1665.

山本佳代子（2012）「序章　グリーフケアとは」髙木慶子編著『グリーフケア入門：悲嘆のさなかにある人をささえる』勁草書房，1-18.

山本真知子（2011）「里親家庭で育った実子から見たファミリーホーム」『社会的養護とファミリーホーム』編集委員会編『社会的養護とファミリーホーム Vol. 2』福村出版，58-61.

山本真知子（2013a）「里親家庭における里親の実子の意識」『社会福祉学』53（4），69-81.

山本真知子（2013b）「里親家庭における実子への影響と求められる役割──障害児・病児

のきょうだい研究との比較研究」『子ども家庭福祉学』13, 57-66.

山本真知子（2016）「里親・ファミリーホームの養育者の実子への支援：ピア・サポートの支援に向けて」『大妻女子大学人間関係学部紀要』(18), 27-37.

山本美智代（2005）「「自分のシナリオを演じる」同胞に障害のあるきょうだいの障害認識プロセス」, 『日本看護科学会誌』25 (2), 37-46.

山本美智代・金壽子・長田久雄（2000）「障害児・者の「きょうだい」の体験：成人「きょうだい」の面接調査から」『小児保健研究』59 (4), 514-523.

柳澤亜希子（2005a）「障害児・者のきょうだいへの支援の動向と課題——自閉症児・者のきょうだいを中心に」『広島大学大学院教育学研究科紀要. 第一部, 学習開発関連領域』54, 151-159.

柳澤亜希子（2005b）「自閉性障害児・者のきょうだいに対する家庭での支援のあり方」『家族心理学研究』19 (2), 91-104.

柳澤亜希子（2007）「障害児・者のきょうだいが抱える諸問題と支援のあり方」『特殊教育学研究』45 (1), 13-23.

安田祐子（2005）「不妊という経験を通じた自己の問い直し過程——治療では子どもが授からなかった当事者の選択岐路から」『質的心理学研究』4, 201-226.

安田裕・荒川歩・高田沙織・木戸彩恵・サトウタツヤ（2008）「未婚の若年女性の中絶経験——現実的制約と関係性の中で変化する, 多様な径路に着目して」『質的心理学研究』7, 181-203.

安田祐子, サトウタツヤ（2012）『TEM でわかる人生の径路 質的研究の新展開』誠信書房.

依田明（1990）『きょうだいの研究』大日本図書.

依田明・飯島一恵（1981）「出生順位と性格」『家庭教育研究所紀要』2, 23-29.

横堀昌子（2002）「ファミリー・ソーシャルワークの理論的枠組みと実践に関する一考察」『青山學院女子短期大學紀要』56, A65-A107.

横堀昌子（2012）「家族とは, 家庭とは：里親家庭の実子として暮らした日々を通して」『家族研究年報』37, 39-56.

横山恭子（2012）「臨床心理学における悲嘆」髙木慶子編著『グリーフケア入門：悲嘆のさなかにある人をささえる』勁草書房, 115-144.

米沢普子（2003）「里親を求めて——『愛の手運動』の 40 年の実践から」『世界の児童と母性』54, 26-29.

吉田沙蘭・天野功二・森田達也・尾形明子・平井啓（2010）「難治性小児がん患児の家族が経験する困難の探索」『小児がん』47 (1), 91-97.

吉原千賀（2009）「高齢者の主観的幸福感と２つの家族：自分のきょうだいと配偶者・子どもとの関係」『奈良女子大学社会学論集』16, 61-75.

吉川かおり（1993）「発達障害者のきょうだいの意識」『発達障害研究』14 (4), 253-263.

吉川かおり（2002）「障害児者の「きょうだい」が持つ当事者性——セルフヘルプ・グル

ープの意義」『東洋大学社会学部紀要』39（3），105-118.

吉川かおり（2008）『発達障害のある子どものきょうだいたち――大人へのステップと支援』生活書院.

吉川かおり（2009）「障害のある子のきょうだい支援」『保健の科学』51（6），372-376.

吉田奈穂子（2009）『子どものいない夫婦のための里親ガイド』明石書店.

Younes, M, N., Harp, M. (2007) Addressing the impact of foster care on biological children and their families, Child Welfare, 86 (4), 21-40.

湯沢雍彦編著（2005）『里親制度の国際比較』ミネルヴァ書房.

全国里親等推進委員会（2013）「里親およびファミリーホーム養育指針ハンドブック」.

Web

厚生労働省「里親制度等について」http://www.mhlw.go.jp/bunya/kodomo/syakaiteki_yougo/02.html（Accessed 2018. 12. 25）

The Fostering Network "Sons and Daughters Month" https://www.thefosteringnetwork.org.uk/get-involved/championing-fostering/sons-and-daughters-month (Accessed 2018. 12. 25).

おわりに

　「それは山本さんの経験であって，他の実子がそう思っているとは限らない。」

　と，ある里親に関わる方に言われた一言が，私が本書の研究をするスタートだった。本書の中でも取り上げているように，本書は「当事者が行う研究」である。私自身が里親家庭の実子として30年生きてきた背景がこの本が生まれる大きなきっかけとなった。もちろん，本書の中で述べているように，当事者が行うからこその課題もある中で，このテーマを選んだ理由を述べたい。

　私の両親は私が小学校に入学する前に里親登録をし，私が小学校1年生の8月1日に初めての里子が委託され，現在に至るまで計18名の委託された子どもたちを養育している。私が里親家庭の実子として生きる中で，大きな困難や辛さにぶつかった。今でこそ，実家にいる，そして実家で育った子どもたちの姿や成長は私にとって糧となっているが，自分自身の子ども時代は毎日実子として生きることに必死で，子どもとしての感覚をなくしていたこともあったと思う。それがまさに，ヤングケアラーとしての一部の養育の引き受けや感情面のサポートだった。親が見ていないところで課題をぶつけてくる子どもに対し，姉としてどう関わるか，子どもが委託された日から私は格闘することになった。中学・高校に進む中で思春期の葛藤と自分自身に向き合ったとき，ふと「私以外の実子はどんな想いをしているのだろうか」と思うと同時に「なぜ同じ子どもなのに私の想いを聞いてわかってくれる人がいないのだろうか」と考えたこともあった。虐待を受けてきた子どもたちの行動や言動に戸惑いを感じるとともに，笑顔を取り戻していく姿に，自分が非常に小さいものに思え，里親養育を受け入れることができない自分を責め続けたこともあった。

　そんな私の声を最初に聞き取ってくださったのが，青山学院大学に入学した際に出会った故庄司順一先生である。庄司先生は当時先生ご自身も里親として

活動され，授業の中でも里親について，アタッチメント形成の重要性の話をよくされていた。卒業論文に取り組む際，私は庄司先生の研究室のドアを叩いた。庄司先生は私を在学中から気にかけて下さり，卒業後は実子としての経験を話す機会を里親大会で作ってくださった。そして，2009 年に NPO 法人里親子支援のアン基金プロジェクト主催の「子どもがのぞむ社会的養護を考える大会」が行われた際に，実子として発言する経験をいただいた。そのようなときに言われたのが冒頭の言葉である。自分の経験を話しても，それが実子としての経験と認めてもらえないのであれば，いろいろな実子さんに出会い，話を聞き，まとめ発表しようと思ったことが大学院に進むきっかけになった。

　一般企業での勤務，出産，保育所での勤務を経て，ずっと心の底にあった「実子研究」への想いがあり，長男が 1 歳半の時に日本女子大学大学院に入学した。「実子について研究したい」その一心で，林浩康先生の研究室に飛び込んだ。海外の実子論文を読み，「私のことが書いてある」となぜか安堵し，いろいろな方の協力を得て，日本中インタビュー調査に行き，たくさんの実子さんと出会った。その一人ひとりの方との出会いが，私の大きな力となった。そしてまた，アン基金プロジェクトでの里子の自立支援プログラムをお手伝いしたことから，里親さん，支援者の皆さん，研究者仲間と出会うことになった。振り返ると，多くの方との出会いが，私の実子として生きてきた経験を糧となるように繋いでくださったと強く思う。

　しかし，インタビュー調査の中で実子が自分の想いを一人で抱えていることを知った。「山本さんが自分以外の実子で初めて話す相手」というフレーズを何度も聞いた。そして，昔の私のように誰にも話すことができない中で孤独を抱えているケースもあった。

　「里親の実子研究をしている」というと，「面白い研究ですね」と言われる一方，「実子の研究をして何になるのか」と言われることもあった。そして，結果を明らかにすればするほど「この結果は里親を推進するには難しいのではないか」，「実子にとって良い点だけを明らかにすればいいのでは」とも言われた。私は実子にとって里親養育が良い経験だったと思える結果だけを明らかにすることを研究の目的としたわけではない。実子が「里親家庭の実子を生きる」ことを良かったと思えるような仕組み作りをこれまで行ってこなかったことに課

題があり，今後より良い里親家庭支援を目指すうえで，実子の声を取り上げることは非常に意味のあることだからこそ，この研究を行おうと考えた。そして，本書が今後の里親家庭への支援にあたって一つの光を当てられるようなものになれば良いと考えている。

　今も里親家庭で里親や委託児童とともに生活をする実子がいる。一人でも多くの実子が里親家庭での経験を将来に活かしていけるようにこの本が一つの光となればと願っている。

　本書を執筆するにあたって，これまで述べてきたように本当に多くの方に出会い，温かいサポートをしていただいた。

　修士論文，博士論文のインタビューを受けて下さった皆様，これまで出会った里親の実子の皆様に心から感謝申し上げる。一人ひとりの実子さんとの出会いはとても貴重で，お話ししていただいた内容は心に深く残るものばかりだった。実子の皆様が人生を振り返って語ってくださらなければ，この研究を行うことはできなかった。また，養子と里親に関する研究で共に本研究に協力してくださった里親関係者の皆様，アン基金プロジェクトの皆様，学内学外でさまざまなアドバイスをしてくださった先生方に，感謝申し上げたい。

　大妻女子大学人間関係学部人間福祉学科に 2016 年から在職しているが，先生方には温かく迎え入れていただき，現在までさまざまな学びを得ながら研究生活を送ることができている。ここに謝意を記したい。

　日本女子大学大学院でともに研究や論文執筆を行った学友の皆様の存在がいつも救いで，助けられた。論文執筆で悩んだとき，親身になって聞いてくださったことは心強かった。また，里親・養子研究の仲間とは研究会などで出会い，語り合うことは大きな研究の財産となった。

　私に大学院進学を勧め，様々な機会を与えてくださった故庄司順一先生に深く感謝している。庄司先生の言葉がなければ今の私はないだろう。青山学院大学卒業後も常に見守ってくださっていた天国の庄司先生にこの著書が届くことを祈っている。

　日本女子大学人間社会研究科社会福祉学専攻の先生方からはたくさんのご指導いただいた。特に修士論文の際，副査をしていただいた日本女子大学名誉教

授の岩田正美先生，修士・博士論文の副査をしていただいた永井暁子先生，博士論文の副査をしていただいた渡部律子先生には，それぞれの視点から多くのご教授していただき，その全てが私の原動力となった。先生方の研究に対する視点や姿勢は私の大きな目標であり，先生方のご在職中に日本女子大学で研究ができたことは非常に幸せだった。また，博士論文の外部の副査をしていただいた明治学院大学の松原康夫先生には児童福祉学の視点から里親養育を捉え，本研究を発展させていくことについて，東洋大学の谷口明子先生には研究方法，当事者の視点について示唆に富む多くのアドバイスをいただいた。両先生に博士論文の審査をしていただくことができ深謝する。

　そして，大学院入学からの5年間だけではなくそれ以降も，ご指導とご鞭撻をいただきました日本女子大学，林浩康先生には感謝の言葉しかない。常に林先生が私の研究テーマを快く受け入れてくださり，研究生活を励まし支えてくださったことは私がこの研究を行っていく原動力となった。林先生の下で学び研究できたことは私の人生の大きな糧になり，そしてこれからも林先生の研究に対する姿勢，子どもたちへの視点を忘れずに進んでいきたいと思っている。本書の執筆に際しても気にかけていただき，深く御礼を申し上げたい。

　学位論文の出版にあたって，岩崎学術出版社の鈴木大輔さんのご尽力がなければここまでたどり着くことはできなかった。企画から編集まで本当に多くのサポートをしていただいた。心より感謝申し上げたい。

　最後に，生活を支えてくれた「全ての家族」に感謝を伝えたい。特に，私の研究や子育てを常に支えてくれている両親に心から感謝している。両親がいなければ研究を続けることは難しく，現在も大きな支えとなってくれていることに感謝しかない。また私をいつも励まし支えてくれた姉は，きょうだいとして，そして同じ里親の実子として，私の研究生活を支えてくれた。二人の息子にはこの研究をするにあたってのいろいろな気づきをもらった。生まれたときから祖父母が里親をしている中で育った息子たちから学ぶことは多くあった。そして，夫のサポートがなければこの本を出版することはできなかった。これまでの経験を糧として考えられるようになったのは夫と息子，家族のサポートがあったからです。本当にありがとう。

2019 年 1 月

山本 真知子

索　引

あ行

アタッチメント　15, 160
新しい社会的養育ビジョン　ix, 1
アダルトチルドレン　136, 162
アドボケイト　14, 162
安心できない家庭　55
アンビバレント
　——な関係　30
　——な経験　132, 135
意識変容のプロセス　viii
意思決定からの排除　46, 47
委託児童　4
受け入れようとする感情　46, 49
夫や夫の家族の理解　126, 132
親が体調を崩しサポートをする　123
親からの里親登録や委託についての説明
　　47
親と里子を支える　130, 131, 132
親とママ友のようになる　120
親に対する不満　53
親の代わりをする　123
親の期待を受ける　99, 100
親のサポート　40
親の夢への妥協　53
親の養育に違和感を覚える　120
親の養育に疑問を感じる　123
親への諦め　53, 122
親や里子との距離を保って接する　112,
　　114
親をサポートする　51, 103

親を心配する辛い気持ち　53
親を助けるための里親登録　128
親を反面教師に捉える　129

か行

概念　44
カウンセリングを受ける　128, 132
獲得　viii, 132, 135, 137
過去の自分の気持ちに向き合う　107, 127
家族の役割調整をする役割　26
葛藤を抱えながらも里親と関わる　112,
　　114
家庭生活の揺らぎ　47, 54
家庭内の役割期待　46, 51
家庭養育優先の理念　1
カテゴリー　44
希望を聞かれる経験　86, 131
境界線なし　145, 146, 149, 150
「きょうだい」ができる感覚　49
きょうだいとしての役割　26
きょうだいに関する研究　24
きょうだいの支え　110, 131
グリーフケア　27, 168
ケア役割　7, 40, 105, 166
血縁関係　26
血縁による境界線　145, 146, 148
高校卒業後のプロセス　99
構成員の変化　58
肯定的側面　40
公認されない悲嘆　28, 31

索 引 *199*

高年齢児の里子の難しさ　51
国外の実子に関する研究　9
国内の実子に関する研究　18
子育てを通した自己覚知をする　124
子どもが生まれたことを里子が喜ぶ姿を嬉し
　　く思う　121
子どもからの影響を受ける　99
子ども同士がきょうだいのように関わる
　　122
子どもを養育する意識　120
混乱する状況の把握　46, 51

さ 行

里親　vii
里親及びファミリーホーム養育指針　2
里親家庭支援　3
里親家庭にいることが辛くなる　126
里親家庭の構成員　vii
里親家庭の肯定感　46, 50
里親家庭の生活で得られたもの　57
里親支援専門相談員　169
里親制度に対する要望　57
里親制度の現実に驚く　122
里親制度の認知の低さ　82, 98, 131
里親制度への称賛　77, 83, 85, 99, 131
里親等委託率　1
「里親」と関わる生活　112, 131
「里親」との付き合い方　113
里親について説明する手間　50
里親認定　17
里親の社会的役割期待　115, 131
里親養育　1
里親養育の意義を感じる　108, 131
里親をサポートする役割　26
里親を称賛する言葉への複雑な気持ち　53
里子が増えることへの抵抗感　52
里子から影響を受ける　102
里子と自分の子どもの関係に悩む　124

里子と生活する喜び　50
里子の委託　71, 75, 77, 84, 86, 89, 95, 97
里子の可愛さ　50
里子の行動に驚く　71, 79, 87, 90, 93, 96
里子の養育を心配する　129
里子や親から頼られる存在でいる　113
里子や親を心配する　104
里子を受け入れる困難　52
里子を思いやることでの我慢　52
サポートする理由の変化　123
実家は休める場所ではないと思う　126
実家を離れたことへの複雑な気持ちを持つ
　　106
実子　vii, 4
実子が受ける影響　11
実子が持つ意識　132, 137
実子であることの葛藤　47, 52, 54
実子のアイデンティティ　14, 161
実子の支援　16
実子の喪失　4
実子の喪失感　27
実子の相談できる場所がない　115, 131,
　　132
実子の役割　26
児童相談所　18
児童相談所からの説明がない状況　49
児童相談所への不満　57
児童の権利に関する条約　1
児童福祉法　vii
自分の課題や限界を知る　108, 129
自分の子どもの言葉を聞く　124
自分の子どもの大切さを感じる　127
自分の体調を崩す　126
社会制度　168
社会的ガイド　61, 69, 102, 116
社会的方向づけ　61, 69, 102, 116
社会的養護　1
社会認識とのギャップ　47, 54

社会の影響を受ける　99, 103
社会の家族や家庭に関する価値観との相違
　　　130, 132
周囲の理解　47, 55
修正版グラウンデッド・セオリー・アプロー
　　　チ　viii, 43
主観的な家族の範囲　21
主観的なきょうだいの境界　ix, 142
出産を経験した実子のプロセス　116
純粋な子どもらしさの喪失　12
障害児と病児のきょうだい　viii
障害児の受け入れ　51
障害児のきょうだい　7, 37
障害児や病児の家族　168
小規模住居型児童養育事業　4, 6
自立の場所の選択　104
人生の意味づけ　47, 57
親戚の理解　56
親族里親　vii
ステップファミリー　23, 168
生活の場による境界線　145, 150
生活の振り返り　47, 56
成人してからの委託　56
先行研究　7
選択的な境界線　145, 148, 149
専門里親　18
喪失　viii, 7, 132, 135, 137
措置解除　23
措置変更　58

た・な行

立ち位置を決めるきっかけ　128
中途の関係　58
当事者が行う研究　5
当事者性を持つ本研究者との出会い　110,
　　　131
等至性　61
等至点　61, 62, 102, 116

特別視する社会の反応　46, 49
特別養子縁組　1, 4
捉え方の変化　47, 56
認識の食い違う辛さ　54

は・ま行

発生の三層モデル　60, 62
母親との2人の時間　74, 131
母親の相談相手になる　122
ピア・サポート　20
東日本大震災　21
悲嘆　30
必須通過点　61, 62, 69, 102, 116
否定的側面　40
病児のきょうだい　7, 39
ファミリーホーム　1, 4, 6. 小規模住居型
　　　児童養育事業　も参照
フォスタリング機関　1, 16, 160, 173
複雑性悲嘆　31
複線径路・等至点アプローチ　viii, 60
複線径路・等至点モデル　60
「普通」の感覚になる　117
普通養子縁組　4
分岐点　61, 62, 69, 102, 116
別居後のもどかしさ　56
マイノリティ　19, 166, 167
マッチング　20
メンタルヘルスに課題が出る　109

や・ら行

ヤングケアラー　viii, 7, 162, 166
　　——の家庭　168
　　——の定義　33
友人の理解　80, 87, 131
揺らぐ境界線　46, 49
養育里親　vii
養育者の役割　105
養育に疑問を持つ　104

養育に大切なものを知る　129
養子縁組里親　vii
要保護児童　vii
ライフイベント　3
ライフストーリーワーク　75
理解を得られない困難　54
了解を得ないで開始する　49
歴史的構造化サンプリング　60, 61
ロールモデル　19

アルファベット

BFP　61, 62, 69, 102, 116. 分岐点も参照
CODA　162
EFP　61, 62, 102, 116. 等至点も参照

HSS　60, 61. 歴史的構造化サンプリングも参照
I care 2　17
M-GTA　viii, 43. 修正版グラウンデッド・セオリー・アプローチも参照
OPP　61, 62, 69, 102, 116. 必須通過点も参照
SD　61, 69, 102, 116
SG　61, 69, 102, 116
TEA　viii, 60, 62. 複線径路・等至点アプローチも参照
TEM　60, 62. 複線径路・等至点モデルも参照

著者略歴

山本真知子（やまもと　まちこ）

1982 年　東京都生まれ

2005 年　青山学院大学文学部教育学科卒業

2012 年　日本女子大学大学院人間社会研究科社会福祉学専攻博士前期課程修了

2015 年　日本女子大学大学院人間社会研究科社会福祉学専攻博士後期課程修了，博士
　　　　（社会福祉学）
　　　　独立行政法人日本学術振興会特別研究委員（DC1），田園調布学園大学子ど
　　　　も未来学部助教を経て

現　職　大妻女子大学人間関係学部人間福祉学科専任講師
　　　　社会福祉士，保育士，幼稚園教諭。専門は，子ども家庭福祉，社会的養護。

主　著　（主な単著）
　　　　「里親家庭における里親の実子の意識」（2013）『社会福祉学』53（4），69-81.
　　　　「里親家庭における実子への影響と求められる役割——障害児・病児のきょ
　　　　うだい研究との比較研究」（2013）『子ども家庭福祉学』13，57-66.
　　　　「里親・ファミリーホームの養育者の実子への支援——ピア・サポートの支
　　　　援に向けて——」（2017）『人間関係学研究』18，27-37.
　　　　（主な共著）
　　　　『里親・ファミリーホーム養育指針ハンドブック』（2013）全国里親委託等推
　　　　進委員会.
　　　　『家族支援論』（2017）ミネルヴァ書房.
　　　　『新基本保育シリーズ6　社会的養護Ⅰ』（2019）中央法規出版.

里親家庭の実子を生きる
──獲得と喪失の意識変容プロセス──

ISBN 978-4-7533-1153-8

山本 真知子 著

2019 年 7 月 8 日　第 1 刷発行

印刷 ㈱太平印刷社　／　製本 ㈱若林製本工場

発行 ㈱岩崎学術出版社　〒 101-0062　東京都千代田区神田駿河台 3-6-1
発行者　杉田 啓三
電話 03(5577)6817　FAX 03(5577)6837
©2019　岩崎学術出版社
乱丁・落丁本はお取替えいたします　検印省略

子どもの精神医学入門セミナー

傳田健三・氏家　武・齋藤卓弥編著

児童思春期患者の急増に対応すべく，DSM5 に則り，児童思春期精神医学の基本と最新のトピックスについて，スペシャリストが平易に書き下ろした。　A5 判並製 240 頁　本体 2,600 円

「社会による子育て」実践ハンドブック
教育・福祉・地域で支える子どもの育ち

森　茂起編著

子どもへの支援を「社会による子育て」と捉え，連携していくために専門職に求められる基本的視点を整理し実践に活用する方策を示す。　A5 判並製 256 頁　本体 2,700 円

児童福祉施設の心理ケア
力動精神医学からみた子どもの心

生地　新著

児童精神科医として子どもたちの心の問題に取り組みながら学んだこと，考えたこと，気づいたこと。現場で苦闘を続ける援助者ための 1 冊。　四六判 216 頁　本体 2,800 円

発達障害支援のコツ

広瀬宏之著

20 年にわたり発達障害支援の現場で子どもとその家族に関わってきた著者が，その体験から学んだ「知恵・技術・心得」を披露。　四六判並製 224 頁　本体 2,000 円

乳幼児虐待のアセスメントと支援

青木　豊編著

死亡率が高くその後の発達に多大な影響を与える乳幼児虐待のアセスメントに必要な視点と方法，支援・治療プログラムの実際について解説。　A5 判並製 216 頁　本体 2,700 円

ライブ講義 発達障害の診断と支援

内山登紀夫著

発達障害の診断に必要な診断概念，心理学・発達心理学の知識，発達歴のとり方等を，現場で役立つ形で示す。正確な診断と適切な支援のために。　A5 判並製 208 頁　本体 2,500 円

発達障害の薬物療法
ASD，ADHD，複雑性 PTSD への少量処方

杉山登志郎著

発達障害やトラウマをめぐる理解と診断の混乱から生じてしまう多剤・大量処方に警鐘を鳴らす，正確な診断のもとに行う少量処方のすすめ。　A5 判並製 140 頁　本体 2,400 円

この本体価格に消費税が加算されます。定価は変わることがあります。